国家社科基金项目（项目号：17XZZ006）的研究成果

脱贫后藏族聚居区

"自律性"发展能力

测评、实践困境与路径选择

郭佩霞／著

西南财经大学出版社

中国·成都

图书在版编目(CIP)数据

脱贫后藏族聚居区"自律性"发展能力测评、实践困境与路径选择/郭佩霞著.一成都:西南财经大学出版社,2023.1
ISBN 978-7-5504-5614-3

Ⅰ.①脱… Ⅱ.①郭… Ⅲ.①藏族—民族聚居区—扶贫—研究—中国 Ⅳ.①F126

中国版本图书馆 CIP 数据核字(2022)第 211001 号

脱贫后藏族聚居区"自律性"发展能力测评、实践困境与路径选择
TUOPIN HOU ZANGZU JUJUQU "ZILÜXING" FAZHAN NENGLI CEPING、SHIJIAN KUNJING YU LUJING XUANZE

郭佩霞　著

责任编辑:李思嘉
责任校对:李　琼
封面设计:墨创文化
责任印制:朱曼丽

出版发行	西南财经大学出版社(四川省成都市光华村街 55 号)
网　　址	http://cbs.swufe.edu.cn
电子邮件	bookcj@swufe.edu.cn
邮政编码	610074
电　　话	028-87353785
照　　排	四川胜翔数码印务设计有限公司
印　　刷	成都市火炬印务有限公司
成品尺寸	170mm×240mm
印　　张	12
字　　数	289 千字
版　　次	2023 年 1 月第 1 版
印　　次	2023 年 1 月第 1 次印刷
书　　号	ISBN 978-7-5504-5614-3
定　　价	78.00 元

前言

　　藏族聚居区作为我国最为特殊的发展单元，当地经济、社会正发生着深刻的变化，2020年全域完成脱贫任务更是具有历史性意义，它标志着藏族聚居区由此开启了新的发展阶段。但在横向视域下，藏族聚居区依然是集"广、低、高、大、特、深"于一体的发展滞后区域，宗教文化、民族传统、反分裂、发展脆弱性等相互交织使其发展面临诸多限制。值藏族聚居区从脱贫攻坚向乡村振兴衔接的转折时期，其发展更为清晰地指向"能力"建构，那么，"精准扶贫"是否促成了当地农牧民"自律性"发展能力？如果是，又处于怎样的发展水平？特殊的地理人文情境对藏族聚居区发展有何影响？其又应采取什么模式、选择怎样的发展道路？依托脱贫攻坚而建立的一系列治理机制可否经过再创造后应用于乡村振兴？如果可以，那么，用什么理论指导或推动"精准扶贫"机制转型？"精准扶贫"机制该如何调整以适应新时期要求？这些问题亟待我们做出回答。

　　笔者有幸获得了国家哲学社会科学基金的资助，得以以藏族聚居区这一特殊单元为对象，以"能力"为导向，通过建构"自律性"发展能力指标体系，对藏族聚居区"自律性"发展水平进行了初步评估，并在解构"自律性"发展要素联动机制中探索其发展的可行路径。本书是笔者主持的 2017 年国家哲学社会科学基金项目"脱贫后藏族聚居区'自律'性发展能力测评、实践困境与路径选择"（项目批准号：17XZZ006）的研究成果。

本书以"别与他域"为起点，立足于系统性治理需要，在藏族聚居区贫困、宗教、民族、文化、经济相互交织渗透的情境中，关注具有地域色彩的藏族聚居区发展约束机制；并以"内发型"发展理论为指导，尝试链接"精准扶贫"到"乡村振兴"的理论解释框架；在此基础上，突出"能力"建设导向，将脱贫攻坚成效考察重点置于微观主体的可行能力，进而构建"自律性"发展指标体系，以实地调研获取的第一手资料为支撑评估藏族聚居区"自律性"发展能力水平，且借助"障碍度"理念寻找藏族聚居区"自律性"发展能力短板及制约因素；继而在廓清藏族聚居区"自律性"发展的内在逻辑、要素联动机制、关键因素、驱动路径框架中，对藏族聚居区"自律性"发展实践困境做出学理解析并给出因应对策。

相对于已有文献，本书从以下四个方面做出了拓展：

第一，针对藏族聚居区发展的时代命题由脱贫攻坚向乡村振兴衔接，超越精细化技术而基于"治理"的定位高度，提取"能力"作为脱贫攻坚与乡村振兴的链接内核，尝试从"自律性"能力视角对"精准扶贫"机制做出"发展"层面的理论解释，指出"精准扶贫"机制可藉由"内发型"发展理论做出耦合乡村振兴战略的机制再创造，并围绕"地方"单元、"主体性""自律性""协调发展""传统再创造"

等耦合点对"精准扶贫"在新时期的理论内涵进行丰富。

第二，对藏族聚居区"自律性"发展能力的考察，跳出了强调整体"基础条件"评估的范式，建立了容纳区域条件与微观主体可行能力于一体的"自律性"能力评估框架，将测评重心由"物"转向鲜活的"人"，围绕藏族聚居区地域特色和过渡期诉求，从资源独立性、文化自觉性、行动自主性三个维度分析藏族聚居区"自律性"发展水平，特别是突出了对农牧民"文化创新""市场能力""组织能力"的观测。

第三，借鉴"障碍度"理论的思想，致力于挖掘能力背后的制约因素，为避免以"现象表现"替代"阻碍因素"本身，研究尝试在解构"自律性"发展要素联动机制中厘清内在逻辑，诠释"自律性"发展能力的形成机制、动力来源、驱动要素、传递路径和作用机理，并据此对藏族聚居区发展困境做出学理性解析，这在一定程度上丰富了相关理论研究。

第四，将"藏族聚居区"单元的特殊性作为关注点，将宗教文化、寺庙社区、地方性知识、地理特征等纳入观察范围，强调本地化属性是藏族聚居区"自律性"发展的逻辑起点，依托地方性知识、内生秩序推进治理是藏族聚居区发展的实践进路，并尝试将之具体为制度设计，提出融合地方性知识的脆弱性干预框架、创新型资源管理方式、乡土组织培育、寺庙社区管理等的初步构想。

本书的出版离不开诸多的支持与帮助。感谢国家哲学社会科学基金项目（批准号：17XZZ006）的资助；感谢西南财经大学财税学院领导、教师以及项目研究团队在资料整理、数据采集、实地调研中提供的宝贵支持；也感谢本书的排版、编辑、校对人员付出的辛勤劳动和极大的努力。本书参考了大量的现有教材、专著、期刊以及媒体公开报道资料，在此对相关研究者一并致谢，但未全部以脚注和书末参考文献的形式给出来源，敬请见谅。当然，由于笔者能力所限，本书难免存在不足之处，希望广大读者提出宝贵意见。

郭佩霞

2022 年 6 月

目录

第一章 引言

一、研究背景与问题提出

藏族聚居区作为我国历史上集"广、低、高、大、特、深"① 于一体的特殊贫困单元，一直是扶贫攻坚战略重点设计的场域，尤其是 2014 年"精准扶贫"机制提出后，各级政府更是以"第一民生工程"的定位高度，倾力、创造性地推进各项扶贫工作。事实上，在社会各界的不懈努力下，尤其是"精准扶贫"机制以强调精准识别扶贫对象、精准安排扶贫项目、精准使用扶贫资金、精准到户采取措施、精准派人到村帮扶等技术要求取代过去"大水漫灌"式扶贫后，藏族聚居区历史性解决了绝对贫困：据统计，西藏 74 个贫困县区全部脱贫摘帽，62.8 万建档贫困人口实现脱贫，2020 年农牧民人均可支配收入达到 14 598 元，比 1959 年的 35 元增长了416 倍；作为中国第二藏族聚居区的甘孜州，地区生产总值也由 2012 年的175 亿元提高到 2020 年的 410.61 亿元，年均增长 7%左右，农牧民人均可支配收入由 2012 年的 4 610 元增加至 2020 年的 13 967 元，年均增长17.8%，农村贫困发生率下降到 2020 年年底的 0.1%。

诚然，在强调技术靶向下，藏族聚居区"精准扶贫"机制取得的巨大成效令人欣喜。但是，对于"精准扶贫"机制可能带来的制度运行成本及其对藏族聚居区"自律性"发展能力的影响研究，学术界的关注还比较有

---

① "广"是指藏族聚居区贫困人口分布面积广阔；"低"是指当地经济发展与脱贫的禀赋很低；"高"是指不适于人类居住的地域面积广阔、需要进行扶贫搬迁的贫困人口占比高；"大"是经济社会活动开展与脱贫成本大；"特"是指扶贫面临特殊的区域自然地理、宗教文化、民族关系等错综复杂环境；"深"是指贫困程度深。徐爱燕，邓发旺，刘天平. 西藏易地扶贫搬迁有土安置问题研究 [J]. 农村经济与科技，2017，28 (18)：3.

限。从经济学角度出发，效率机制需要以尽可能低的成本获得尽可能高的收益为准。而考察藏族聚居区"精准扶贫"机制，我们发现，已经取得的辉煌成绩是建立在高投入、高成本基础之上的，确切地说，依托政治动员方式集中社会各种力量、动员各种资源让贫困人口基数在短期内急速缩减、农牧民人均收入大幅增长的路径，难以长期持续下去。毕竟，我们在藏族聚居区进行的反贫困努力与斗争是以数额庞大的资金、财物、人力为条件的。据统计，"十三五"期间，中央政府向西藏自治区累计投资达3 136亿元、累计投入的脱贫攻坚整合资金达753.88亿元，驻村帮扶干部累计派出19.3万余人次①。从投入来看，除了纳入官方统计的资源外，尚有大量社会性的资源投入，特别是在扶贫责任制落实到每一个具体工作人员后，基层工作者在加班加点之余更是以一己之力确保帮扶对象脱贫。这种借助行政力量与体制开展的扶贫工作，确实以"集中力量办大事"的动员方式有效缓解了藏族聚居区资源贫弱问题，那么，它是否适合脱贫后的藏族聚居区发展？它能否为藏族聚居区可持续发展提供可能和条件？它能否转换成为藏族聚居区"自律性"发展的治理体系？从藏族聚居区地域广袤、工作人员服务半径大、行政成本高等特殊的现实制约出发，评估精准扶贫机制在脱贫后藏族聚居区是否具有运行基础，无疑是必要且迫切的。

鉴于"贫困"本身是一个具有"社会建构性"色彩的话题，脱贫的判断标准与目标取向也在于当地人口生计具有可持续性，扶贫不是某个节点的任务而是长期性工程，无论是扶贫工作机制本身还是贫困人口生计能力建设，都需要具备可持续性。简言之，扶贫资源嵌入的意义在于响应当地人群的发展需求、激活当地人群的内生性发展力量，因此，从理论上说，扶贫收益评估和成效评判需要以是否导向"内发型"发展为准。而回顾藏族聚居区反贫困与经济发展的历程，一个显著的特征是"以统制经济体制为支撑，以政府为主体，以财政转移支付为手段，以外域为资金、技术、人才、设备来源地"的嵌入式发展，在这种方式下，发展主体、发展动力、发展根据和发展目标选择都难以源自当地，特别是受脱贫任务重、时间紧迫等的限制，藏族聚居区近年来的发展不得不以外部帮扶为主导，这

①　数据引自《西藏和平解放与繁荣发展》白皮书。

与扶贫之激发农牧民内生发展动力的初衷有所背离。那么，"精准扶贫"机制到底对藏族聚居区"内生"发展能力具有怎样的影响？产业扶贫项目是否改变了传统的嵌入式脱贫逻辑了呢？如果是，成效如何，它是否能够帮助人们找到报酬合理的就业机会，是否能够为人们提供较充裕的生活所需，是否能够让人们燃起对美好前景的期望？显然，对脱贫后藏族聚居区的内生性发展力量进行评估，同样为实践所需。

更重要的是，随着脱贫攻坚的收官，社会动员机制从超常规向常态化转型、政策由特惠向普惠转变、治理逻辑由任务型向发展型转变、干预方式从微观施政到顶层设计转变，在这种大格局变动中，培育藏族聚居区内生发展能力的政策供给、制度基础已经发生重大变化，如何适应这种变化并基于当地现有条件培育农牧民内生发展能力以完成从"短期救急"到"长远投资"的发展转变，实有探讨的价值。

二、研究目的与意义

希冀借助本研究开展，达到以下目的：

第一，确切评估藏族聚居区在脱贫攻坚收官后的"自律性"发展能力水平。通过实地调研获取微观数据，全面了解藏族聚居区农牧户贫困及发展程度，通过构建一套适于藏族聚居区特性的"自律性"发展能力测评指标体系，准确评估其发展基础与内生发展能力，在丰富研究素材的同时，为实务部门开展工作提供基础资料与数据支撑。

第二，考察藏族聚居区脱贫后"自律性"发展的特殊性。藏族聚居区贫困表现、贫困致因等比起一般地区更为复杂，希冀通过研究，能够透过纷繁芜杂的现象发现致使藏族聚居区农牧户贫困的真正原因及其特殊性，尤其是从现实约束条件出发分析藏族聚居区发展的特殊性、运行难题并给出可能的解决路径，从而在丰富民族地区贫困研究理论体系的同时为实务部门推进、创新发展机制提供参考。

第三，客观评估脱贫攻坚机制实施的成效及存在问题。通过系统深入的实地调研，评估"精准扶贫"机制对藏族聚居区农牧户生产生活的影响，了解现行政策在治理农户生计脆弱性与激发农户内生增长动力上面临的缺陷与不足，为脱贫后藏族聚居区经济发展与社会治理政策的完善与管理机制创新提供材料支持。

第四，提出适于藏族聚居区经济与社会基础、具有操作性与针对性的"自律性"发展能力培育路径。在评估农户生计状况与发展缺陷的基础上，立足藏族聚居区的特殊情境，以激发当地群众的内生性发展为导向，给出新时代藏族聚居区内生发展框架与治理政策的调整方向、实现路径。

三、研究方法与框架

藏族聚居区贫困与发展滞后是经济、政治、社会等问题交互作用的结果，其发生有别于他域，同理，"精准扶贫"收官后的经济与社会发展也存在更多的约束性与难题，考虑到单纯的经济性分析不足以解释当地贫困与发展的复杂化与特殊性，本书拟从藏族聚居区特殊的地理与人文情境出发，采用规范分析与实证分析相结合的研究方法，融合政治、社会、文化、经济等多学科知识来透视其贫困的内在实质与特殊性，通过田野调查获取藏族聚居区贫困发生及"精准扶贫"工作开展的翔实数据与资料，整合经验与推理，深入藏族聚居区社会经济机制内部，分析、抽象、演绎当地贫困发生的诱因与治理机制运行难题，从而归纳并构建一个富有藏族聚居区地域特色的"自律性"发展框架。其中，规范分析方法主要在于运用管理学、公共经济学和制度经济学等多学科理论揭示藏族聚居区"精准扶贫"干预机制的内在蕴涵、理论基础与约束机制；实证分析方法主要是运用田野调查方法对藏族聚居区"精准扶贫"机制实施成效及"自律性"发展能力进行测度，同时从产出角度解析"精准扶贫"机制的有效性及后续发展机制的完善路径。

具体来说，本书的主要内容包括：

第一章，引言。本章主要包括研究背景与问题提出、研究目的与意义、研究方法与框架。课题由脱贫后藏族聚居区向乡村振兴战略衔接入手，指出新时代藏族聚居区发展需要强调可持续性、需求响应与内生发展等理念，而"精准扶贫"作为一种治理机制，要在新阶段得以继续运用，需要以"内发型"发展为指引进行机制再创造。而由"内发型"发展视角出发，研究拟在多学科交叉中，以田野调查为基础，通过建构适于藏族聚居区地域特征的"自律性"发展指标体系来考察其脱贫后的"自律性"发展水平，同时正视藏族聚居区发展的特殊性，找出阻碍藏族聚居区"自律性"发展的关键因素并给出具有针对性的建议。

第二章，已有文献述评。本章从"精准扶贫"的内涵解读、个案剖析、困境解析、推进路径与发展能力评估几个方面梳理已有文献，指出已有文献缺乏藏族聚居区"深描式"研究，特别是对藏族聚居区制度运行基础与约束机制关注不足；且在"自我发展能力"主题上，研究成果十分有限，相关评估甚少反映"个体""家庭"等微观主体"可行能力"变化，已有实证分析重能力水平测评而轻能力背后的形成机理、要素联动、驱动机制等的剖析。有效的干预既要了解工具的技术运用，也要了解工具的制度约束与功能，在藏族聚居区由脱贫攻坚向乡村振兴衔接的特殊时期，探讨藏族聚居区治理需注重"能力"建构，而基于藏族聚居区特殊情境，今后有必要以"内发型"发展理论为引导，对"精准扶贫"治理机制进行再创新，并以"自律性"发展能力为核心设计藏族聚居区发展道路。

第三章，"内发型"视角下"自律性"发展机制的理论阐释。本章在介绍"内发型"发展理论的基础上，从理论核心概念"地区范围""当地人群主体性""传统的再生"等出发，指出脱贫攻坚收官之后，藏族聚居区发展需要由"外源"转向"内源"，"内发型"发展理论与"精准扶贫"机制可有效耦合，藏族聚居区要实现乡村振兴，需要以"内发型"发展为导向拓展与重构"精准扶贫"机制：在尊重传统的基础上借助必要的外在资源与政策支持激活地区范围内当地人群内生性发展力量。脱贫后藏族聚居区工作重点不是资源、政策支持的精准配置，而是公共政策体系需要向"自律性"发展机制转型。

第四章，"内发型"发展视角下藏族聚居区"精准扶贫"成效考察。本章在梳理藏族聚居区脱贫攻坚历程的基础上，首先从资源投入、总体产出等方面总体考察藏族聚居区"精准扶贫"机制取得的成绩，阐明"精准扶贫"机制为藏族聚居区"自律性"发展创造了坚实基础；其次，结合区域客观的条件表征与微观农户的主观感受，以"内生发展能力"为考察导向，从资源独立性、文化自觉性、行动自主性三个维度构建了藏族聚居区

"自律性"发展能力指标体系，并以四川、西藏为样本，测评脱贫后藏族聚居区"自律性"发展能力水平，借鉴"障碍度"框架分析其"自律性"发展困境的致因，找出当地人群"内生性"发展能力上的短板；最后，从"地方性"情境入手，分析藏族聚居区地理人文上的特殊性可能对其"自律性"发展带来的影响，从而弥补能力测评指标体系可能遗漏重要内容而导致的偏差。

第五章，藏族聚居区"自律性"发展困境的解析及出路。首先，本章从"内发型"发展理论所强调的"地区性""自主性""传统性再生"等理念，阐释"自律性"发展模式的要素联动机制，指出藏族聚居区"自律性"发展需要由内生主体、内生组织、内生秩序、内生资源共同形塑，阐明藏族聚居区"自律性"发展的驱动机制以及乡村精英之于"自律性"发展的影响机制，进而在系统交互、耦合中提炼藏族聚居区"外源"嵌入与"内生"整合的媒介，归纳出"政策""资本""贸易可达性""乡村精英"是影响藏族聚居区"自律性"发展的关键因素。其次，本章对藏族聚居区"自律性"发展困境进行学理解释，指出藏族聚居区在"脱贫攻坚"到"乡村振兴"的衔接过程中，其"自律性"发展能力培育的阻力主要来自孱弱的"贸易可达性"、村级组织引领力与集体经济基础。最后，本章结合"自律性"发展的要素联动机制、关键因素，针对藏族聚居区"自律性"发展能力培育的阻碍因素、区域表征、特殊性，给出促成藏族聚居区"自律性"发展的可行路径。

综上，本书基本思路如下：

贫困作为复杂的社会建构，是多重权利、关系、利益、制度等相互介入的复合系统。对藏族聚居区"精准扶贫"机制及脱贫后发展路径的研究，需要超越技术、在综合的社会治理视域中进行解析。本书试图在"解释—测度—行动"的架构下完成藏族聚居区特殊的贫困生成与再生逻辑演绎，并基于特定条件约束探讨以培育"自律性"发展能力为导向的综合治理路径，具体如下：首先，由藏族聚居区"精准扶贫"推进难题引出发展与治理逻辑——有效的干预需要在制度约束下以"内发型"发展为指向（第一章）；其次，在此基础上，回顾文献并阐释"内发型"发展视角下藏族聚居区"自律性"发展机制的理论基础（第二、三章）；再次，借助治理的理论蕴涵，从区域客观表征与农牧户的主观感受出发，构建藏族聚居区"自律性"发展能力指标体系，并借此评估藏族聚居区"自律性"发展水平（第四章）；最后，根据考察结果，立足藏族聚居区地域约束条件，以"自律性"发展为取向，在廓清藏族聚居区"自律性"发展的要素联动、驱动机制、关键因素后，从学理上解释藏族聚居区"自律性"发展阻碍力，进而给出促成藏族聚居区"自律性"发展的可行路径（第五章）。本书研究技术路线如图1-1所示。

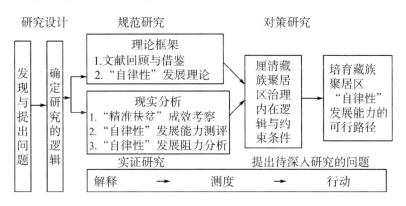

图1-1　本书研究技术路线

四、主要结论与观点

第一，"精准扶贫"作为中国创新型的贫困治理方法论与技术体系，其实质在于通过建立责任体系、政策体系、投入体系、动员体系、督查体系及考核评估体系的"精准"性、"科学"性以提升贫困人口的自我发展能力，政策意旨在于经由"外源""嵌入"走向"内源""融入"，培育贫困人群的"自律性"发展能力是核心所在。"一超过、两不愁、三保障"仅是脱贫的初级标准，随着脱贫攻坚向乡村振兴战略衔接，评估藏族聚居区精准扶贫的成效应以终极目标为导向，基于"内发型""自律性"能力而展开。

第二，虽然，藏族聚居区脱贫攻坚已经顺利收官，作为指导性的"精准扶贫"机制也与新时代"乡村振兴"战略要求有所区别，但是，作为一种大格局的全面性的贫困治理框架，"精准扶贫"机制可经过一定的再创新服务于乡村振兴治理体系，而机制创新需要以"内发型"发展理论为指导，二者在思想内核上具有高度的耦合性，"内发型"发展理论对"精准扶贫"机制具有很强的内在承接性和递进性，它有助于推动"精准扶贫"机制的进一步发展。

第三，"内发型"发展理论以具有共同生态特征、文化基础的村、镇、社区等"地方"为单位，逐步将"发展"的重点转向"自律性"创造，主张尽量减少对外域的依赖，借助自身资源积累、用自力促进发展，其所强调的"地方主体性""自律性""协调发展""传统文化再创造"，追求"地方主体性形成的发展过程能够产生满足地方居民多样需求的发展结果"，能够更为充分地反映藏族聚居区地理与人文特征，也高度吻合新时代藏族聚居区发展的"能力"指向。由此出发，避开单纯的"外源"依赖，依托既有资源，促成以社群本身既有和重新发现的价值与制度为起点构建自我经济、社会循环机制是藏族聚居区发展的关键所在，藏族聚居区今后的发展道路应是区域内部主体基于自身资源、文化传统、劳动力、资金、生产技术、体制等因素或条件，在尊重自身价值基础上通过动员本地社会、调动社会各方面积极性与创造性，以技术进步为动力，并将之与市场经济的特殊要求有机衔接、激发社区居民主动建构社区公共事务的系统化、可持续的行动机制，即"自律性"发展模式。

第四，内部资源、既有文化与制度、自主行动共同形塑"自律性"发展能力。据此，从资源独立性、文化自觉性、行动自主性三个维度构建"自律性"发展指标体系以考察藏族聚居区"精准扶贫"成效，发现样本藏族聚居区精准扶贫行动从基础设施建设、公共服务供给、产业发展三个方面为当地"自律性"发展奠定了扎实的基础，现行藏族聚居区已具备一定的"自律性"发展能力，但是不同地域"自律性"发展能力水平存在差异性：以四川省阿坝藏族羌族自治州理县朴头乡和墨竹工卡县为代表的"一类区域"大致达到"中等"水平；以四川省甘孜藏族自治州（以下简称"甘孜州"）康定市雅拉乡与道孚县玉科镇为代表的"二类区域"的"自律性"发展尚属"低"水平；以四川省阿坝藏族羌族自治州（以下简称"阿坝州"）上孟乡为代表的"三类区域"的"自律性"能力水平属于"弱"范畴。其中，四川藏族聚居区"自律性"发展能力的提升主要得益于，区域通达性的增强带动了生态旅游业的发展；西藏自治区则主要依托高原特色农牧业与民族工艺开发培育"自律性"发展能力。

从不同维度的"自律性"发展表现看，除了康定雅拉乡，样本藏族聚居区文化自觉性方面表现总体强于资源独立性、行动自主性，这主要缘于藏族聚居区民族文化与旅游业的融合发展；而资源独立性与行动自主性较弱清晰地反映在产品包装、加工与辐射能力、市场销售渠道开拓滞后上，从中可看出藏族聚居区精准扶贫投入尚未完全转化为家户资产以及农牧民参与市场经济的能力。进一步解析藏族聚居区"自律性"发展的阻碍因素，发现样本区域面临的阻碍既有共性又有所差异，其中，上孟乡"自律性"发展的主要约束来自行动自主性，从影响率来看，物质资本（18.40%）、经营能力（14.90%）、学习能力（14.10%）上的阻碍最大；朴头乡"自律性"发展面临的约束主要来自金融资本（17.06%）、传统手工艺开发（14.69%）和经营能力（15.35%%）；雅拉乡"自律性"发展的关键在于提高文化自觉性与行动自主性，其阻碍性最强的是地理标志保护商标、市场开拓能力；玉科镇的阻碍则来自旅游资源开发（20.60%）、经营能力（16.88%）和金融资本（13.77%）；墨竹工卡县"自律性"发展的主要约束来自行动自主性和资源独立性，学习能力（22.31%）、旅游资源开发（15.06%）、物质资本（15.25%）对发展的负向影响最强。

第五，基于指标体系的测评结果虽能刻画出当下藏族聚居区在资源独立性、文化自觉性和行动自主性上的综合表现，但无法涵盖藏族聚居区"自律性"发展的所有内容。若从发展能力的可持续性和抗冲击性出发，则诸多特殊因素可能削弱藏族聚居区"自律性"发展能力，包括：偏远寺庙社区、老年与残障僧尼生计保障难题；传统思想阻碍农牧产品商品化；农牧民收入结构失衡及其波动性；传统社会支持网络断裂影响社区韧性；"控辍保学"政策与多样化需求的偏离；等等。

第六，藏族聚居区"自律性"发展是一个当地人主导下的内外要素协调耦合过程：政府的政策供给为其提供顶层设计与制度保障，并内化为"自律性"发展的责任分担机制；市场主体和公益性组织"嵌入"当地的人才、技术、资金与政府投入共同塑成驱动发展的拉力与推力；精英群体、村社组织以引领方式激发社区发展动力，将普通村民塑造为具有发展意愿的内生主体，进而在整合村社资源、重塑内生秩序中缔造为村社共同体。内生主体、内生组织、内生秩序分别形塑了藏族聚居区"自律性"发展的驱动机制、组织机制、协调机制，它们进一步与民族文化等资源耦合共生成为当地发展的主导力量。从要素联动机制上看，社区精英群体、村两委在整合内外资源、激发社区主体发展意愿、促成内生组织、塑造内生秩序上具有重要作用，是将国家权力、市场力量与基层社会在村庄界面上汇聚和融合的介质；而"政策""资本""贸易可达性""乡村精英"则是实现藏族聚居区"自律性"发展的关键因素，它们在交互作用中输出"市场能力"；在大循环体系下，"市场能力"对藏族聚居区"自律性"发展水平具有决定性作用。

第七，"自律性"发展的要素联动机制刻画出"社区精英""组织建设""秩序塑造""产业与集体经济""市场能力""贸易可达性""资本"在发展中的内在逻辑与机理。其中，"社区精英"构成了村庄动员的引导主体，"贸易可达性""资本"是"自律性"发展启动的基础，"组织建设"与"产业与集体经济"是成功推动内生发展的载体，"秩序塑造"是重要制度保障，而"市场能力"则是实现内源发展的关键支撑力量，它们对于"自律性"发展来说缺一不可并难以替代。据此解析藏族聚居区"自律性"发展困境，可归结为：弱"贸易可达性"以劳动效率、运输成本和信息交换为中介作用于藏族聚居区产业规模效应、产业关联效应、技术进步能力、文化与制度融合能力，进而影响区域市场交互能力；人才约束与基层组织对社区精英吸纳不足，导致村级组织引领力难以撬动藏族聚居区个体化农牧户的"组织化"力量；理应发挥集体积累和统筹优势的村社集体经济因其基础孱弱无法塑造村社"公共性"，也无法成为缔造村社利益共同体、组织共同体、生活共同体的纽带。

第八，"自律性"发展虽然关注地方内生资源的动员，但它并非独立于外部系统的封闭体系，对基础尚属孱弱的藏族聚居区而言，培育当地"自律性"发展能力需要吸纳"外源"支持力量。根据样本区域调查情况，"外源"支持需要分类分区推进差异化支持框架："一类区域"的外源嵌入应由当前的金融资金、物质投入转向市场秩序维护、交易规则强化和以"教育""培训"为主要内容的公共服务供给；支持方式也应由直接转向间接、从生产导向转向市场导向，以"购买服务""东西援助"等更强调市场机制与交易规则的方式嵌入；外源主体也应从"政府"转向"企业""社会组织"，通过"弱行政、强市场"组合推进城乡融合、三产融合。"一类区域"则需以"政府"与"企业""公益组织"皆"在场"的方式嵌入当地发展，其中，政府应在疏通基础设施建设"最后一公里"难题及保障公共服务可及性的基础上，以引导方式帮助村社集体经济组织强化信息沟通、搭建产销联络渠道、建立利益共享机制，企业则在自愿原则下注入资金与技术开发当地资源，公益型社会组织致力于为家庭提供多元化、个性化帮扶。"三类区域"的外源支持体系必须以强"行政推动"模式嵌入，政府承担起制度供给、基础建设、产业引领和能力培育四个方面的责任，其中，制度供给是对脱贫攻坚帮扶机制进行再创造，通过引入"歇帮""复帮"制度强化社区发展的内生动力；基础设施建设是把饮水、电力、道路、网络、住房等民生领域的公共设施作为中长期建设项目持续下去；产业引领是通过资金注入、搭建组织支撑体系、对接小农户与大市场机制来夯实集体经济、合作社；能力培育是确保为需要劳务输出的农牧民提供餐饮、藏式家居、雕刻、绘画、修车等技能训练，并通过动态监测与反馈机制保障脆弱性群体应对负向冲击。

第九，藏族聚居区"自律性"发展过程是降低脆弱性，建构以防御力、恢复力、学习力为支撑的自组织系统从而增强发展韧性力的过程。在脱贫攻坚与乡村振兴衔接阶段，藏族聚居区脆弱性主要集中于以老弱病残为代表的生理性贫弱群体、刚性支出或不合理支出过量群体、流动性人口以及突发性变故下的暂时性贫困人群和偏远寺庙僧尼群体。不同类型脆弱性的风险源不同，建构脆弱性干预框架需要依据风险"触发器"采取不同的政策组合。健康型脆弱性需以健全的社会保障体系进行兜底；支出型脆弱性必须区分不同性质实施专项救助，并辅以消费引导教育；流行型脆弱性的风险源来自经济系统与社会系统，对经济系统风险源需要通过推广普惠型小额保险提高处置能力，对社会系统风险源则需要保持政策稳定、建立以"属人"为原则的救助体系来提高抗逆力；变故型脆弱性的干预关键在于医疗保险体系，可在完善城乡居民医疗保险和大病救助制度基础上，推广多元化的人身、医疗、意外商业性保险制度，并对高风险领域就业群体实施强制性的劳动保护政策；受灾型脆弱性需要通过健全灾害风险管理、政策性农业保险、普惠金融和生态补偿机制提高风险应对能力。

第十，产业体系是培育藏族聚居区"自律性"发展能力的重要抓手。从藏族聚居区特殊的地理、人文情境出发，当地产业发展应在功能区定位基础上统筹区内区外两大市场，立足"小局域"和"立体化"进行布局，让生存于小局域立体环境、立体资源和立体人文氛围的立体人群，走立体发展的"范围经济"之路。其中，河谷地带可在评估、确定市场占有情况下，依托科技与资本投入，以规模化经营模式布局青稞产业、商品粮基地、早特产生态副食，同时，结合近郊优势开展全时全域休闲旅游体验；半山农牧交错带可在强化保鲜、仓储、冷链物流等配套的基础上，通过小范围的订单农业模式发展家庭农场式的高山峡谷特色生物资源开发，走适度规模下的"范围经济"道路，并辅以特色小城镇建设发展体验式乡村民俗旅游；高寒牧区应考虑重点布局牧草产业、以牧促农，通过延伸产业链、搭建"网上天路"把当地资源优势转变为产业优势。

第十一，村社组织因可形塑"内生主体"、规范"内生秩序"、整合"内生资源"而在推进藏族聚居区发展中发挥着关键的引领作用。培育藏族聚居区"自律性"发展能力，必须重塑村社组织，提高其凝聚力、号召力、引领力，包括：打破地域、身份、职业界限，优化村"两委"干部选拔机制；通过制度化的培训、学习机制和动态化的乡土人才培育计划提升村级组织成员的能力水平；完善对村"两委"干部的考核激励机制来提高干部履职积极性；以"党建+"方式提高组织覆盖度，增强党支部的"发展"服务能力。

第十二，"贸易可达性"从信息交互、物流成本两个方向影响藏族聚居区与外域大市场的联通、互动程度，培育藏族聚居区"自律性"发展能力需要在统筹域内域外两大市场中进行，为此，需要突破基础设施瓶颈、提高藏族聚居区"贸易可达性"，建议：以自然村为概念，着力推进藏族聚居区"最后一公里"基础设施建设，提高域内"通达率"；继续提升藏族聚居区对外通道建设，通过增强域外"通达率"来提高藏族聚居区与周边省份以及与南亚国家和地区互联互通能力；通过创设"公益岗位"来推进基础设施养护，保障藏族聚居区"通畅率"；重点推进冷链物流方面的基础设施建设以增强"贸易可达性"。

第十三，藏族聚居区村社集体经济作为市场与社会的有机统合，在集体股权改革下已经初步建立了比较紧密的个体化农民与集体利益联结机制，在藏族聚居区发展中应承担起推动乡村经济市场化、维系乡村秩序、运转国家与社会关系等多重使命。培育藏族聚居区"自律性"发展能力，需要筑牢村社集体经济基础，但藏族聚居区特殊的经济、社会发育环境使得集体经济发展必须在资源下乡的背景及政策动向中走"组织化"到"发展经济"的分层推进路径：率先用国家财政性扶持资金充实村社集体经济，在恢复其"组织"功能的基础上，变产业扶持资金为集体资本以强化集体"发展经济"功能。

第十四，市场能力既是检验"自律性"发展水平的重要标准，也是"自律性"发展能力建设的关键内容。藏族聚居区要把本地生态效益、产品与文化优势变为经济效益、发展优势，得依托品牌建设和提升农牧户融入农业产业链能力来强化产品的市场认同，建议：推进标准化生产和搭建服务平台，不断强化特色产品的品质管控；借助多样化营销手段增强区域品牌影响力；选择市场竞争力强、客户群庞大、经济效益好的产品作为区域品牌核心大单品进行规模化打造，通过聚焦大单品扩大区域品牌认同度与知名度；借助营销技能培训、市场供需信息推送、经营人才引进和推介、代销网点建设等方式培育藏族聚居区农牧民拓展市场的能力；设立区域性农牧产品加工园区，通过"园区+合作社""龙头企业+合作社"合作模式延伸产业链条，从而提高农牧民对市场经济的融入度。

第十五，资金融通能力既是分散农牧户经营风险的基础，也是影响规模经济、资源配置效率的关键因素，推动藏族聚居区"自律性"发展需关注农牧民资金融通能力建设。从藏族聚居区生计特色出发，今后需要在健全信用评定制度的基础上深入推进纯信用贷款产品，并创新性设计类似于青稞贷、牦牛贷的区域性特色金融产品；同时，加大普惠保险覆盖广度与深度，根据县域种植与养殖品类推广特色农业保险产品；开发畜牧业旱灾雪灾天气指数保险、"保险+期货""保险+信贷"等创新型险种，推动政策性农业保险由"保成本、保自然风险"向"保收入、保市场风险"转变；通过建立脆弱性群体专属普惠保险体系和探索实施野生动物肇事保险制度来增强农牧民抗逆能力。

第十六，藏族聚居区"自律性"发展是囊括经济、社会、生态等各方面目标的发展，在融合当地传统中创新乡村治理机制本是"自律性"发展的内容。鉴于单纯强调权利义务要求的国家正式制度在对接本地化属性特征的社区事务时运行成本过高，今后藏族聚居区基层治理需以当地"社会关系"为基础，构建融合"地方性知识"创新型机制来加以推动，建议：对藏族聚居区传统精英群体进行再塑造后，将其编入地方治理平台；在规范藏族聚居区自发性社会组织的基础上，寻找自发组织与现代化治理的契合点，通过转型引导将其打造为契合藏族聚居区治理需求的"乡土"组织；挖掘地方性知识的现代价值，建立融合地方传统的创新型资源管理方式；对寺庙社区实施分类治理，坚持依法治寺的同时引入弹性机制。

第二章 已有文献述评

一、文献回顾

藏族聚居区的贫困与发展问题受社会各界关注已久，探讨当地贫困发生乃至发展路径的研究并不鲜见，但作为相对于"粗放式扶贫"而言的"精准扶贫"工作机制，相关研究始于2013年，其后该方面的文献开始增多。回顾已有文献，研究主要从"精准扶贫"的内涵解读、经验介绍与实践困境揭示、精准扶贫后续推进路径的选择三个方面展开。

（一）"精准扶贫"的内涵解读

对藏族聚居区"精准扶贫"的内涵进行独立阐述与分析的研究并不多见，较为普遍的是基于政策精神论其内涵，因此，现行有关对"精准扶贫"内涵的各类解读可视为代表性观点。

"精准扶贫"工作机制的提出具有显著的时代背景，它始于解决传统扶贫方式存在的"瞄而不准""滴漏效应""精英捕获"等弊病，因此，作为建立在吸取粗放式扶贫教训基础之上的一种工作机制，"精准扶贫"意在通过将扶贫重心下沉至贫困户、强调技术上的靶向治疗与精细化治理来提高贫困干预成效。正是根植于这一特殊的时代背景与设计意图，学术界、实务界在阐释"精准扶贫"工作机制内涵时，尽管论述不一，但多数研究者都从国开办发〔2014〕30号文件精神定位"精准扶贫"内涵，即"通过对贫困户和贫困村精准识别、精准帮扶、精准管理和精准考核，优化配置各类扶贫资源，实现扶贫到村到户，逐步构建扶贫工作长效机制"[①]，把"精准度"作为"精准扶贫"工作机制的核心。其中，具有代

---

① 关于印发《建立精准扶贫工作机制实施方案》的通知（国开办发〔2014〕30号）

表性的观点有：黄承伟和覃志敏（2015）、汪三贵和刘未（2016）等在阐释习近平精准扶贫理念时，从扶贫对象精准、措施到户精准、项目安排精准、资金使用精准、因村派人（第一书记）精准、脱贫成效精准六个方面定义"精准扶贫"，认为"对象精准"是其前提和基础，而项目、资金、措施、派人精准是措施和手段，成效精准则是目标和落脚点，每个环节与步骤的精准构成了"精准扶贫"的核心思想①；精准扶贫的本质与内涵在于通过系列贫困人口识别机制和动态管理，深入分析致贫原因并实施具体、有针对性的措施以达到可持续脱贫目标②。吴雄周、丁建军（2015）基于多维瞄准扶贫方式，指出"精准扶贫"在贯彻精准识别、精准帮扶、精准管理、精准考核时，应同时瞄准对象、致因、主体、产业、方式、时序、指标、依据、程序等多方面，"精准"不但是全要素之间的横向瞄准，而且是全部环节之间的纵向瞄准③。王思铁（2014）、沈茂英（2015）、孙璐（2015）等认为，"精准扶贫"是针对不同贫困区域环境和贫困户状况，运用科学有效合规程序对扶贫对象实施精确识别、精确帮扶、精确管理的治贫方式④。

在吸收上述研究成果的基础上，杨帆、庄天慧、曾维忠（2016；2017）进一步对"精准"含义进行解读，认为精准扶贫是一场涉及资源、技术、制度和文化的整体性社会发展的改革行动，资源是前提、技术是支撑、制度是保障、文化是根本⑤，"精准扶贫"内涵包含了"对象—资源—主体""目标—过程—结果"以及"微观—中观—宏观"等不同层级，"精准扶贫"层次不同，扶贫重点会有差异，文化层面的继承、改造与弘扬是精准扶贫的最终落脚点⑥。莫光辉（2016）、孙迎联和吕永刚（2017）等则结

① 黄承伟，覃志敏. 论精准扶贫与国家扶贫治理体系建构［J］. 中国延安干部学院学报，2015（1）：131-136.
② 汪三贵，刘未."六个精准"是精准扶贫的本质要求：习近平精准扶贫系列论述探析［J］. 毛泽东邓小平理论研究，2016（1）：40-43.
③ 吴雄周，丁建军. 精准扶贫：单维瞄准向多维瞄准的嬗变：兼析湘西州十八洞村扶贫调查［J］. 湖南社会科学，2015（6）：162-166.
④ 王思铁. 精准扶贫：改"漫灌"为"滴灌"［J］. 四川党的建设（农村版），2014（4）：14-15；孙璐. 扶贫项目绩效评估研究［D］. 北京：中国农业大学，2015.
⑤ 杨帆，庄天慧. 精准扶贫的理论框架与实践逻辑解析：基于社会发展模型［J］. 四川师范大学学报，2017（2）：37-43.
⑥ 庄天慧，杨帆，曾维忠. 精准扶贫内涵及其与精准脱贫的辩证关系探析［J］. 内蒙古社会科学（汉文版），2016（3）：6-12.

合扶贫开发时间进程维度和顶层设计角度，认为精准扶贫的内涵在于精准识别贫困人口、精确把握致贫原因、滴灌式的精准帮扶、共享发展成果①。刘解龙、陈湘海（2017）基于时代背景与现实需求的变化，提出"精准扶贫"需要进行阶段升级，其内在逻辑是在增强工作针对性和成效性的基础上提高系统性与整体性，最终实现对社会大系统的融合性与可持续性②。

概而言之，学术界对"精准扶贫"内涵的解读，主要包含了以下两个方面的含义：第一，"精准扶贫"是目标导向与问题导向相统一下的一套方法论与技术体系，"精准度"构成了贯穿扶贫整个运作流程的基本精神，其核心内容体现为识别精准、帮扶精准、管理精准和考核精准，通过技术靶向特征的操作性精准使扶贫资源更好地瞄准贫困目标人群是基本要求；第二，"精准扶贫"内涵具有层次性，涵盖了片区、个人层面，也包括了宏、微观层面的精准，微观层面的技术可操作性与宏观上的战略性相结合，其战略部署在于通过建立责任体系、政策体系、投入体系、动员体系、督查体系及考核评估体系的"准确"性、"科学"性，以实现"两不愁三保障"目标，并最终提升贫困家庭和人口的自我发展能力，实现社会融合与可持续发展。

（二）"精准扶贫"个案剖析与实践困境揭示

相对于藏族聚居区"精准扶贫"内涵研究的稀缺性，介绍"精准扶贫"机制在民族地区的经验做法、剖析案例并揭示其实践困境，构成了研究的主要议题，但是，文献探讨多集中于黔西南、武陵山、秦巴山、六盘山、滇桂黔石漠化区、乌蒙山区等区域，以藏族聚居区这一特定地域为视角的研究又相对薄弱，主要有：

1. 藏族聚居区"精准扶贫"经验做法与个案分析

耿宝江等（2016）和李佳等（2017）以四川藏族聚居区三种不同旅游发展模式为例，从微观视角解析了旅游精准扶贫的驱动机制与作用机理，指出藏族聚居区旅游精准扶贫项目面临资本、能力、权利三重约束，并针对藏族聚居区旅游精准扶贫效应差异，提出从完善启动激励、目标导向、

---

① 莫光辉. 精准扶贫：中国扶贫开发模式的内生变革与治理突破 [J]. 中国特色社会主义研究，2016（2）：73-77；孙迎联，吕永刚. 精准扶贫：共享发展理念下的研究与展望 [J]. 现代经济探讨，2017（1）：60-63，87.

② 刘解龙，陈湘海. 适时打造精准扶贫的升级版 [J]. 湖南社会科学，2017（1）：117-124.

参与共享与监测调控四种机制着手推进藏族聚居区旅游精准扶贫。刘荣（2017）基于甘南藏族聚居区夏河县阿木去乎镇的调研情况，总结出藏族聚居区"精准扶贫"机制推行成功经验在于突出重点、多部门协作、指标精准与工作信息化、规范化，但也存在微观层面如农牧民主动性不足等挑战。罗莉、谢丽霜（2016）以西藏"5100 矿泉水"净土产业、吞达村圣香圣地文化产业、藏毯业为典型案例，总结出藏族聚居区特色优势产业精准扶贫主要有"政府牵头+住村帮扶+项目推动""政府+龙头企业+专业合作社+农民""企业+基地+贫困户""合作社+能人+贫困户"等模式，目前产业精准扶贫面临创意水平不足、从业人员素质偏低、生产组织方式落后、投融资渠道狭窄四个难题，今后需要把精准扶贫向培养龙头企业和专业合作社、拓展多渠道融资等方面推进。沈茂英、许金华（2016）以川滇连片特困藏族聚居区为例，总结了藏族聚居区存在林下生态旅游、林下种植、林下采集加工、林下养殖四类林下经济扶贫实践模式及其得失，指出林下经济与精准扶贫之间的理论源流，认为川滇连片特困藏族聚居区可通过发展林下经济来推进精准扶贫。孙向前和高波（2016）、杜明义（2017）、罗成（2017）通过考察四川甘孜州的金融扶贫并分析其实践成效，发现藏族聚居区金融精准扶贫不仅识别难度大、帮扶力度不足、机构之间管理不协调，而且缺乏有效促进精准扶贫的金融产品和服务方式、扶贫部门与金融机构及贫困户协调不足、信用信息失真导致精准支持困难等。庄天慧等（2016）以部分藏族聚居区国家级扶贫重点县为考察样本，评估了精准扶贫瞄准精确度，发现民族地区精准扶贫存在贫困人口识别漏出和渗入、扶贫项目贫困农户瞄准精度降低、扶贫资金投放时序错位等问题，并提出通过构建扶贫主体与贫困对象有效互动的参与式县级扶贫瞄准机制来提高扶贫瞄准精准度[1]。杨浩等（2016）探讨了高原藏族聚居区和凉山彝区贫困县精准脱贫评价标准与进程，发现藏族聚居区精准脱贫整体可达成，但在区域经济发展、社会保障和交通设施等方面实现程度不高，需重点强化行业扶贫投入力度，促进"生存型"基础设施向"发展型"基础设施建设转变，以绿色益贫式发展破解脱贫瓶颈[2]。张淑芳（2017）运

---

① 庄天慧，陈光燕，蓝红星. 农村扶贫瞄准精准度评估与机制设计：以西部 A 省 34 个国家扶贫工作重点县为例 [J]. 青海民族研究，2016（1）：189-194.

② 杨浩，汪三贵，池文强. 少数民族地区精准脱贫进程评价及对策研究 [J]. 贵州民族研究，2016（7）：148-152.

用社会分层和贫困代际传递理论，对四川藏族聚居区贫困代际传递形成机理进行中观和微观解析，并以地理空间为单位考察贫困代际传递，发现藏族聚居区贫困代际传递程度呈现农区、半农半牧区和牧区递增的情况，由此得出结论：藏族聚居区精准扶贫的推进重点在于加强对牧区社会服务尤其是义务教育质量的提升。陈云霞（2017）依托28个典型贫困案例，总结了四川藏族聚居区精准扶贫宏观策略、成绩与存在的问题，并对藏族聚居区精准扶贫工作提出建议。冯楚建（2018）基于科技与社会融合的视角，聚焦西藏地区科技精准扶贫，依托典型案例，归纳了西藏地区贫困的六种主要类型、四个主要特征、五大致贫原因以及科技扶贫主要模式，并立足社会嵌入理论，揭示影响科技精准扶贫效果的自然性、社会性等因素[1]。杨勇（2018）以甘南迭部县益哇乡纳加村和合作市佐盖多玛乡日多玛村为例，总结了甘南州精准脱贫模式与亮点，认为培养本地藏族人民自发的发展能力是精准扶贫的基础。

总体上说，"精准扶贫"在藏族聚居区的经验做法与个案分析方面的研究，学术界主要聚焦于产业精准扶贫的实践探讨，尤其是旅游、金融、资源产业。从切入视角来看，研究涉及贫困发生机制、产业化扶贫与脱贫机理、"精准扶贫"瞄准精确度、"精准扶贫"扶贫实践模式、"精准扶贫"实施成效与进程评估等多个方面，但对"精准扶贫"的产业实践模式的总结是经验研究的重点所在，而个案分析则强调对产业化扶贫项目发展面临的具体困境的剖析。

2. 藏族聚居区"精准扶贫"机制的实践困境考察

从技术维度出发，"精准扶贫"机制在实施过程中至少包含了精准识别、精准帮扶、精准管理和精准考核四个方面的过程，因此，对于"精准扶贫"机制实施难点与困境的剖析，当前研究也主要围绕精准识别对象、精准帮扶机制、精准管理与评估体系等展开。

（1）精准识别方面。

贫困人口识别作为"精准扶贫"工作机制开展的基础，直接决定着扶贫资源的瞄准性，进而影响"精准扶贫"机制的运行绩效。探讨是否能够精准地识别目标群体也由此成为学术界关注的论题，学者们纷纷从基层治理、福利认证、逻辑冲突等视角展开剖析。邓维杰（2014）通过对四川省

---

①　冯楚建. 西藏地区科技精准扶贫模式研究［M］. 北京：中国农业科学技术出版社，2018.

市州扶贫机制的考察，认为精准识别在实践中存在难点，包括：对贫困人口人为限定规模形成的规模排斥、集中连片扶贫开发对片区外贫困群体的区域排斥以及自上而下的贫困村和贫困户识别过程中对贫困群体的恶意排斥和过失排斥识别三方面①。邢成举和李小云（2013）、李小云等（2015）、唐丽霞等（2015）从政府治理机制、阶层分化与基层社会治理结构出发，认为在中国自上而下的政府治理框架下，贫困识别作为政治过程，必然面临精英捕获、信息失真、激励错误及政治考量等挑战②，具体到乡镇两个层面的贫困农户识别，其面临的技术困境主要包括：逐级指标分配法导致部分贫困农户被排斥、非贫困标准的采纳导致识别精度下降以及识别标准附近的临界农户难以确认等③。汪三贵、郭子豪（2015）认为，贫困人口精准识别遇到的主要问题是精确统计农户收入非常困难、成本高昂，在没有准确家庭收入信息的情况下，依靠基层民主评议的名额控制方法识别贫困群体必然导致信息失真④。庄天慧等（2016）基于西部34个国家扶贫工作重点县数据，评估了"精准扶贫"机制在贫困人口识别精度、扶贫资源瞄准精度方面的表现，发现民族地区贫困人口识别存在一定程度的漏出和渗入、贫困人口与扶贫项目贫困农户瞄准精度逐年降低且漏出比例高⑤。久毛措（2017）通过对藏族聚居区基层的调研发现，藏族聚居区贫困人口精准识别方面存在认定标准单一、贫困成因分析简单的弊病。王敏等（2016）则从财政专项扶贫资金管理机制出发，认为资金管理机制限制了扶贫部门的资金使用裁量权，从而导致精准识别误差、造成扶贫资金使用与需求不合的偏离现象⑥。杜明义（2017）在考察四川藏族聚居区金融精准扶贫案例的基础上提出，藏族聚居区特殊的地理环境与乡村基层组织建设弱化造成贫困人口的精确识别障碍。王春光（2014）、李博（2016）

---

① 邓维杰. 精准扶贫的难点、对策与路径选择 [J]. 农村经济, 2014 (6)：79-81.

② 邢成举, 李小云. 精英俘获与财政扶贫项目目标偏离的研究 [J]. 中国行政管理, 2013 (9)：109-113；李小云, 唐丽霞, 许汉泽. 论我国的扶贫治理：基于扶贫资源瞄准和传递的分析 [J]. 吉林大学社会科学学报, 2015 (4)：90-98, 250-251.

③ 唐丽霞, 罗江月, 李小云. 精准扶贫机制实施的政策和实践困境 [J]. 贵州社会科学, 2015 (5)：151-156.

④ 汪三贵, 郭子豪. 论中国的精准扶贫 [J]. 贵州社会科学, 2015 (5)：147-150.

⑤ 庄天慧, 陈光燕, 蓝红星. 农村扶贫瞄准精度评估与机制设计 [J]. 青海民族研究, 2016 (1)：189-194.

⑥ 王敏, 方铸, 江淑斌. 精准扶贫视域下财政专项扶贫资金管理机制评估 [J]. 贵州社会科学, 2016 (10)：12-17.

则从"扶贫""开发""项目制"逻辑出发，指出偏重于效率和增长的"开发""项目制"运行逻辑与"扶贫"的社会公共性逻辑存在内在矛盾，这必然导致扶贫资源流向富村、龙头企业、能人，逻辑性矛盾是引发精准识别实践难题的重要原因①。袁晓文、陈东（2017）通过对四川省阿坝州小金县、甘孜州色达县等藏族农牧区的田野调查，提出藏族聚居区精准识别出现困境，一个重要的因素在于对致贫原因的分析缺乏辩证性，尤其是对区域背景和民族文化因素缺乏应有的关注导致精准识别困难。

（2）精准帮扶方面。

精准帮扶是一个扶贫资源统筹和供需匹配的过程，项目安排、资金使用、措施到户、因村派人等是否精准直接影响扶贫工作成效。对于藏族聚居区精准帮扶机制的研究，已有文献侧重于从扶贫资金配置效率、工作人员选派机制、乡村振兴的系统性要求三个方面进行刻画。其中，以邓维杰（2014）、唐剑和李虹（2018）等为代表的研究者，围绕扶贫资金的配置，重点考察了藏族聚居区精准帮扶机制成效，认为需求、入门、资金用途、市场、专业、团队、配套等会造成帮扶措施的排斥性②，短期政绩目标制约会造成扶贫资源出现"扶富不扶贫"的异化现象；专项扶贫政策则由于制度化规定资金用途而陷入需求回应不足的困境。以何植民和陈齐铭（2017）、刘翠英等（2018）为代表的学者，则基于区域经济发展与公共管理的系统性协作视角，提出精准帮扶过于强调资金帮扶到户形式以及交流沟通不足而无法有效统筹贫困户，从而致使精准扶贫"碎片化"③"治标不治本"④现象。以陈光军（2017）为代表的研究者，聚焦于帮扶人员选派机制，从扶贫工作组与对口帮扶单位入手，剖析了藏族聚居区驻村干部选派中的不均衡性与帮扶单位之间的差异性导致精准帮扶出现不均与帮扶虚化问题。

（3）精准管理与精准考核方面。

精准管理既是针对贫困人口的动态性变化进行适时监测、调控的管理过程，也是针对扶贫主体行为及效果的评估、考核过程，它是扶贫技术应

---

① 王春光. 扶贫开发与村庄团结关系之研究 [J]. 浙江社会科学，2014（3）：69-78，157；李博. 项目制扶贫的运行逻辑与地方性实践：以精准扶贫视角看 A 县竞争性扶贫项目 [J]. 北京社会科学，2016（3）：106-112.

② 邓维杰. 精准扶贫的难点、对策与路径选择 [J]. 农村经济，2014（6）：79-81.

③ 何植民，陈齐铭. 精准扶贫的"碎片化"及其整合：整体性治理的视角 [J]. 中国行政管理，2017（10）：87-91.

④ 刘翠英，初晓艺，杨庆伟. 区域经济与精准扶贫 [J]. 经济研究参考，2018（10）：4-7.

用过程向精细化社会治理转化的必要而关键的对接机制。因此，研究人员对精准管理在藏族聚居区的实践考察，主要囊括贫困人口信息管理、公开化透明化管理和扶贫事权管理三个维度，三个维度在多学科视角下相互交叉与叠加使得学术界将研究聚焦于贫困人口进退机制、资金绩效审计与扶贫资源传递。其中，对于贫困人口进退机制的研究，以汪三贵（2014；2015；2017）、郭子豪（2015）、唐丽霞（2017）等为代表的学者发现，建档立卡工作的周期性制度设计在一定程度上会导致贫困人口进退机制固化①；而陈云霞（2017）则从法制程序正义出发，认为藏族聚居区地方性规范对贫困识别程序的干扰以及"村民投票表决"因尚不具备简单民主条件，事实上会造成贫困人口进退机制失灵；久毛措（2017）基于精准脱贫考核指标"两不愁、三保障"标准的主观性，认为精准扶贫退出机制面临操作性障碍。杨扬（2018）借助麦肯锡 7S 模型剖析精准扶贫资金绩效，发现精准扶贫管理存在账实不符、资金闲置与绩效审计结果应用不足②等问题。白雪（2018）则从人力资源开发的管理视角考察，发现精准扶贫管理存在人力资源开发的认知与组织困境，此缺陷引发扶贫主体与扶贫对象角色倒置③。至于扶贫资源传递的研究，学术界多主张在厘清政府与市场边界权责的基础上，以推广政府购买服务方式④、利用"中央—地方—村庄"层级结构加强中央二次监督来减少扶贫资源传递层级、弱化代理人角色⑤。

（三）藏族聚居区"精准扶贫"推进路径研究

针对藏族聚居区精准扶贫实践难点，学术界从宏观的总体规划与战略设

---

① 汪三贵. 改进考核机制实现精准扶贫 [J]. 时事报告, 2014 (3): 5; 汪三贵, 郭子豪. 论中国的精准扶贫 [J]. 贵州社会科学, 2015 (5): 147-150; 汪三贵. 把好贫困县退出关确保脱贫摘帽的真实性 [J]. 中国扶贫, 2017 (22): 19-22; 唐丽霞. 精准扶贫机制的实现：基于各地的政策实践 [J]. 贵州社会科学, 2017 (1): 158-162.

② 杨扬. 基于麦肯锡 77S 模型的精准扶贫资金绩效审计研究 [J]. 财会研究, 2018 (1): 63-66.

③ 白雪. 基于精准扶贫的人力资源开发困境及成因分析 [J]. 知识经济, 2018 (9): 5-6.

④ 郭佩霞. 政府采购 NGO 扶贫服务的障碍及解决 [J]. 贵州社会科学, 2012 (8): 94-98; 郭佩霞. 中国贫困治理历程、特征与路径创新：基于制度变迁视角 [J]. 贵州社会科学, 2014 (3): 108-113.

⑤ 葛志军, 邢成举. 精准扶贫：内涵、实践困境及其原因阐释 [J]. 贵州社会科学, 2015 (5): 157-163.

计、微观的制度建构与完善两个方面纷纷给出精准扶贫机制推进的路径建议。

1. 藏族聚居区"精准扶贫"总体规划与构想

王文长（2017）、徐君和姚勇（2017）在论述藏族聚居区战略地位、贫困未来趋势与分布特点的基础上，提出在关注藏族聚居区精准扶贫特殊性的同时，需要"跳出藏族聚居区看藏族聚居区的贫困"，从顶层构想藏族聚居区精准扶贫路径，形成"专项"与"统筹"相结合的治理体制，从转变机构职能和国家国防角度两个方面[①]推进精准扶贫。郭佩霞和朱明熙（2017）、李继刚（2015）、格朵卓玛（2017）、久毛措（2017）等以贫困脆弱性理论和可持续生计框架为基础，提出藏族聚居区精准扶贫要结合生计资产状况及抵御和应对风险冲击，构建"社会保障网+普遍性农业保险+新型扶贫开发"的三位一体推进战略[②]。庄天慧等（2015）在论述民族地区精准扶贫模式时，提出藏族聚居区需要以"政府—市场—社会—社区—农户"的人格局扶贫模式[③]有效链接贫困决策机制、沟通机制、内部信息传递机制。方堃（2018）以贫困治理体系和治理能力现代化为中心，建议从跨层级、跨部门、跨功能三个维度构建了民族地区趋于整体治理的精准扶贫模型：基于政府—市场—社会的跨部门合作扶贫机制（横向精准）+基于数字治理的跨功能扶贫资源共享机制（技术精准）+基于中央—省—区—市县的跨层级协同扶贫机制（纵向精准)[④]。余吉玲（2017）通过考察甘肃藏族聚居区精准扶贫的主要实践措施，提出了构建集产业、金融、信息、生态、旅游、人力资本等为一体的藏族聚居区内生力反贫困模式。沈茂英（2015；2016；2018）基于川西北藏族聚居区贫困空间立体性特征与农业生产经营者数据，以"五个一批"[⑤]政策体系为基础，刻画了"林下经济"模式对藏族聚居区脱贫的特殊性意义，提出一个囊括公共服务体

[①] 转变政府职能，即原有的扶贫机构职能转变到民政、社保系统去管理。详见：王长文. 贫困遗存的可能状态及治理方式 [J]. 中国藏学，2017（2）：5-9；徐君，姚勇. 喜马拉雅区域经验与知识谱系构建 [J]. 中国藏学，2017（3）：64-74.

[②] 郭佩霞，朱明熙. 西南民族地区脆弱性贫困研究 [M]. 成都：西南财经大学出版社，2017：185；李继刚. 西藏农牧民脆弱性贫困与减贫政策 [J]. 青海师范大学学报，2015（11）：18-22；格朵卓玛. 从生计资本角度分析西藏牧区贫困成因 [J]. 中国藏学，2017（2）：18-22.

[③] 庄天慧，陈光燕，蓝红星. 精准扶贫主体行为逻辑与作用机制研究 [J]. 广西民族研究，2015（6）：138-146.

[④] 方堃. 民族地区精准扶贫难点问题研究 [M]. 成都：科学出版社，2018.

[⑤] "五个一批"，指扶持生产和就业发展一批、生态扶贫和移民搬迁安置一批、低保政策兜底一批、医疗救助扶持一批、灾后重建帮扶一批。

系、项目投入体系与市场化生态补偿体系的精准扶贫推进框架。此外，"教育扶贫""旅游扶贫"和"互联网+"扶贫模式，也成为研究者构想藏族聚居区精准扶贫推进路径的重要模式①。

2. 藏族聚居区"精准扶贫"机制完善路径

相对于藏族聚居区扶贫的总体框架构建而言，学术界对精准扶贫机制实施与完善的技术路径的探究，涉及内容非常广泛、观点纷呈，研究呈现多元化趋势，议题涵盖贫困对象识别、项目设置、要素组合及责权利界定等。概括而言，从可持续生计资本测评出发论述藏族聚居区精准扶贫的推进路径，以及在实施"五个一批"工程基础上求解旅游等产业扶贫的路径，构成了研究的主要内容。

李雪萍和龙明阿真（2012）、杜明义（2013）、覃志敏和陆汉文（2014）、任善英（2017）、杨进和郭晓军（2013）、格桑卓玛（2017）等在考察藏族聚居区人力资本结构、人力资本投资与脱贫关系的基础上，证实了人力资本对于反贫困的重要意义，并建议通过加大正规和非正规教育投资、优化教育投资结构及加强卫生保健投资来推动该区域的精准扶贫②。郝文渊等（2013；2014）以昌都、林芝为例，论证了生态补偿对农牧户生计资本的改善效应，并得出结论：加大生态补偿③与信息技术投入④是提高藏族聚居区农牧民生计水平的重要途径。廖桂蓉（2009）、卓玛措等（2012）、杜明义（2013）、周晓露和李雪萍（2017）、郭佩霞和朱明熙（2017）基于社会资本视域考察藏族聚居区贫困农户生计，发现了社会资本在藏族聚居区的独特活力，并主张以"外助内应"方式，借助外来民间组织异质性关系网络且发挥本土社会资本信任度优势，在激活社区互助网

① 陈灿平.集中连片特困地区精准扶贫机制研究：以四川少数民族特困地区为例［J］.西南民族大学学报，2016（4）：129-133.

② 李雪萍，龙明阿真.可持续生计：连片特困地区村庄生计资本与减贫［J］.党政研究，2012（3）：122-128；杨进，郭晓军.四川民族地区人力资本与经济发展实证研究：以甘孜藏族自治州为例［J］.贵州民族研究，2013，34（6）：159-162；格桑卓玛.从生计资本角度分析西藏牧区贫困成因：以班戈县为例［J］.中国藏学，2017（2）：18-22.

③ 郝文渊，李文博，周鹏.生态补偿与藏东南农牧民可持续生计研究［J］.湖北农业科学，2013（16）：4016-4022.

④ 郝文渊，杨东升，张杰，等.农牧民可持续生计资本与生计策略关系研究：以西藏林芝为例［J］.干旱区资源与环境，2014（10）：37-41.

络、整合社区精英的基础上实现藏族聚居区贫困治理①。杨帆等（2017）、陈灿平（2018）等以生计资本指数考察藏族聚居区贫困，证实减少贫困脆弱性的生计资本有效性顺序依次是人力资本、自然资本、物质资本、社会资本、金融资本，但是，对于如何推进精准扶贫，这些学者的研究存在一定分歧：杨帆等建议将重点放在提升自然资本、金融资本和社会资本上，在合理调控人口与土地关系的基础上推进精准扶贫；陈灿平则建议降低新生代农民工投资实业的成本和获取金融服务的门槛②。

具体到"五个一批"扶贫工程的推进路径，研究又集中于教育、金融、旅游扶贫。学术界在解析藏族聚居区教育收益率对家庭贫困影响的基础上，从藏族聚居区教育困境致因出发，建议加大政府教育投入力度，科学规划、合理布局、消除藏族聚居区学前教育缺失导致的后续人力资源投资障碍③；优化农村教育资源配置，将教育资源向牧区倾斜、强化寄宿制学校建设，以义务教育均衡发展推动藏族聚居区脱贫的"造血"机制；开展多元化汉语学习教育并增强职业教育的文化适应性，从而强化就业人群对市场经济的选择机会④；结合互联网大数据时代背景，利用教育信息化促进藏族聚居区教育公平。金融作为藏族聚居区可持续发展的重要资源，如何有序推进扶贫也成为研究关注的热点。黄英君（2017）在阐述"金融抑制"困境的基础上，认为推广以农村资金互助组织为代表的农村合作金融模式是民族地区金融精准扶贫的重要选择⑤；杜明义（2017）从金融精准扶贫模式实施的制约性出发，认为构建藏族聚居区特殊的金融扶贫精准识别、帮扶、管理机制是保障效果的必然路径；孙向前和高波（2016）基于普惠金融视角，建议通过发展多业态普惠金融组织体系，建立金融联动机制，从实施"基础金融服务村村通"工程、"量身定制"藏族聚居区金融产品与服务方式、培育"村级信用共同体"并启蒙群众金融意识来推进

① 郭佩霞，朱明熙. 西南民族地区脆弱性贫困研究 [M]. 成都：西南财经大学出版社，2017：202-206.

② 陈灿平. 西部地区新生代农民工贫困脆弱性的评价：基于生计资本考察 [J]. 西南民族大学学报，2018（5）：127-132.

③ 张永丽. "教育致贫"悖论解析及相关政策建议：以甘肃省14个贫困村为例 [J]. 西北师范大学学报（社会科学版），2017（2）：20-29.

④ 朱明熙，郭佩霞. 西南民族地区农村脆弱性贫困与反贫困研究 [M]. 北京：中国财政经济出版社，2018：233.

⑤ 黄英君. 金融深化、扶贫效应与农村合作金融发展 [J]. 华南农业大学学报，2017（6）：32-41.

金融精准扶贫的深化发展。藏族聚居区独特的自然人文景观与旅游产业"集聚经济"和"涓滴效应"特征使得旅游业成为藏族聚居区精准扶贫推进的重要载体，学术界对旅游扶贫行机制、实践模式、效应评估等给出了丰富多样的建议。耿宝江等（2016）在阐释旅游精准扶贫驱动机制的基础上，提出通过分享、匹配和学习三种路径让藏族聚居区农户从旅游业发展中受益；图登克珠（2017）、肖怡然和龚贤（2018）在证实旅游发展和农牧民收入之间具有强正相关关系的基础上，建议藏族聚居区从"互联网+"模式、乡村旅游模式和提升农牧民旅游参与能力和利益分配机制三个方面推进脱贫①；杨丹（2016）基于藏族聚居区旅游业发展面临的地域文化变迁、环境承载力等挑战出发，提出旅游扶贫应该从加快生态旅游与幸福社区建设、加强非物质文化保护传承等方面不断加以完善。

此外，学术界还结合供给侧结构性改革探讨藏族聚居区精准扶贫运行机制的完善，认为精准扶贫要在"加"（补齐发展短板）、"减"（简政放权）、"乘"（创新驱动）、"除"（体制改革）四个方面破除实践难题，并从微观层面给出制度优化的可能方向，包括：以政府向社会购买扶贫服务方式缓解藏族聚居区精准扶贫机制的运行成本；建立贫困户综合性识别标准并推行"特困户+整体受益"优先模式；解决精准扶贫地方性规范的程序正义；等等。

（四）"自律性"发展理论与藏族聚居区"内生"发展能力研究

随着脱贫攻坚的收官，学术界对于藏族聚居区发展的研究由"精准扶贫"机制转向"乡村振兴"。根植于阶段性政策变化与任务调整，当下对藏族聚居区扶贫与发展的探讨，应着力于"脱贫攻坚"与"乡村振兴"的衔接机制，政策干预目标的转移也促使研究转向藏族聚居区"内生"发展模式，"内发型"发展的理论与实践由此成为当下探讨的新主题。

1. "自律性"发展的理论研究

在用什么理论指导脱贫后的藏族聚居区发展问题上，当下研究主要指向"内生"发展理论，因此，"内生"发展理论是"自律性"发展理论的另一种表达，有关"内生"发展的概念、内涵、模式等构成了理论探讨的关键词。

---

① 图登克珠. 西藏旅游扶贫与农牧民增收问题研究 [J]. 西藏大学学报，2017（1）：134-138.

关于"内生"发展理念溯源,学术界一般认为其始于20世纪70年代联合国社会经济理事会对不发达地区项目开发达成的共识①,后经过瑞典Dag Hammarskjöld财团、联合国教科文组织的推广、辨析,鹤见和子(1976)率先以发展过程中的主体性为基点构建理论,玉野井芳郎则对发展的"地区主义"进行了定义②;到20世纪80年代的时候,包括Musto、Friedmann、Garofoli、Haan和Van der Ploeg等在内的欧洲学者对理论进行了丰富,强调发展中乡村内部资源的利用与开发、本地动员等重点。20世纪90年代后期,研究转向对理论的实践性价值进行反思,以Ray、Vanclay等为代表的研究者针对"纯粹"内生发展不切实际的缺陷,从可操作性出发对理论进行了拓展,提出"内生"发展不可孤立于内外系统的交流与合作③,由此,"地方—超地方"框架被带入"内生"发展中而成为新内生发展理论。相对于传统观点,新内生发展理论不仅承认地方在农村发展中的主体性地位及对地方特有价值体系和文化传统的注重,也在整体视角中将超地方因素视为发展可资利用的要素④。此后,"内生"发展理论逐渐成为地方治理的指导性理论而受到越来越多的关注,我国学者也从20世纪90年代开始对这一来自国外的理论进行梳理、总结⑤。总体而言,"内生"发展理论还处在发展初期,更多的是一些松散的概念的集合,清晰的理论体系尚未形成⑥。

但学术界对内生式发展的特征、要点基本达成共识,包括:以当地人为主体,发展的过程由本地控制、发展的选择由本地决定、发展的利益保留在本地;培育当地转换社会经济系统、反应外界挑战、促进社会学习的发展能力;保护生态环境,在环保的框架内考虑开发;尊重地方文化的多

---

① 共识包括:社会大众应平等地享受社会发展成果;应引入居民参与项目开发;基础设施建设应城乡统筹配置;项目开发应关注环境保护;等等。

② 玉野井芳郎. 地区分权的思想 [M]. 东京:东洋经济新报社,1977.

③ RAY C. Culture economies [R]. Newcastle:Newcastle University,2001;VANCLAY F. Endogenous rural development from a sociological perspective [M] // ROBERT S, ROG-ERRS, PETER N. Endogenous regional devel-opment:perspectives, measurement and empiri-cal investigation. Cheltenham:Edward Elgar Pub-lishing Limited, 2011:59-72.

④ 章志敏,张文明. 农村内生发展研究的理论转向、命题与挑战 [J]. 江汉学术,2021(2):5-15.

⑤ 对此做出贡献的有张环宙、王志刚、张文明、章志敏等学者。

⑥ 张环宙,黄超超,周永广. 内生式发展模式研究综述 [J]. 浙江大学学报(人文社会科学版),2007(2):61-68.

元性和独立性，依托文化向外进行市场开发、向内强化当地发展的关系网络；建立体现当地人意志的组织、以参与和认同缔造发展共同体①。随着实践的不断推进，"内生"发展的理论研究命题转向模式与路径，从人的内生性、地区组织的内生性、资源的内生性、科技的内生性等方面解析"内生"发展模式成为普遍现象。至于理论在中国的再释，特别是与藏族聚居区这一特定地域相联系，现有研究暂无基于"地域"特殊性而对理论做出拓展或调整，可以说，作为当下指导藏族聚居区发展的新的理论基础与解释框架，"内生"发展的理论研究尚未深入到"一般"与"特殊"建构。

2. 藏族聚居区"内生"发展能力评估研究

藏族聚居区在完成脱贫攻坚与乡村振兴战略衔接后，评价"精准扶贫"机制成效的文献中开始出现"内生"发展能力考察的研究成果，在此之前，学术界研究多在"自我发展能力"概念下进行，有关藏族聚居区自我发展能力的研究，可视为"内生"发展能力研究的初始阶段。具体来说，研究分为三条进路展开。进路之一是对藏族聚居区"自我发展能力"的概念界定、内涵、构成要素、形成机制、衡量标准等展开理论分析，如张佳丽、贺新元（2010）对西藏自我发展能力的内涵进行初探，并提出了粗略的指标构建思路②；郑长德（2011）由"能力"概念出发构建了民族地区自我发展能力的分析框架③。进路之二在于依托案例分析专项政策对藏族聚居区内生能力培育的效应，例如，骆桂花（2019）从青海藏族聚居区文化产业入手，通过对比两类差异性村庄探究文化产业对当地收入、产业融合、生态保护、农牧户能力的影响，并得出文化产业有助于增强藏族聚居区"内生"发展能力的结论；李中锋、吴昊（2016）从西藏农牧业生产中人力资本与物质资本的匹配性评估西藏农牧民个体自我发展能力④。进路之三是基于区域发展能力理论构建区域性能力指标体系并据此测评藏族聚居区自我发展能力，例如，李海红、张剑（2013）按照经济发展能力、维护政治稳定能力、生态保护能力、社会建设能力、文化传承能力的

---

① 宫本宪一. 环境经济学 [M]. 朴玉，译. 北京：三联书店，2004：317-377.
② 张佳丽，贺新元. 西藏自我发展能力刍议 [J] 西藏研究，2010（4）：69-73.
③ 郑长德. 中国民族地区自我发展能力构建研究 [J]. 民族研究，2011（4）：15-24.
④ 李中锋，吴昊. 西藏农牧民自我发展能力评估及提升路径研究 [J]. 四川大学学报（哲学社会科学版），2016（3）：99-106.

分析思路，构建了西藏自我发展能力的多维度指标体系①；李豫新、张争妍（2013）通过构建自我发展能力指数测评西部民族地区 2005—2011 年自我发展能力及分析影响因素，其中涉及对西藏自我发展能力的测评②；杨帆等（2015）从发展水平、发展活力和发展潜力三个维度构建藏族聚居区县域经济社会发展评价指标体系，运用层次分析法对四川藏族聚居区县域经济社会发展进行测评；吕翠苹、秦君玲（2015）选取自然资本、社会资本、人力资本、经济资本作为西藏自我发展能力评价一级指标，运用主成分分析法和因子分析法计算出日喀则市 1 区 17 县的地区自我发展能力③；张爱儒、高新才（2015）对青海藏族聚居区重要生态功能区自我发展能力进行实证研究；徐孝勇、封莎（2017）将自我发展能力解构为由 3个一级子系统和 6 个二级子系统构成的人工—自然复合开放系统，运用TOPSIS 改进因子分析方法测算出包括藏族聚居区在内的 14 个集中连片特困地区自我发展能力的时空演变趋势④；严子明（2019）从资源利用与环境保护、扶贫开发与减贫成效、经济发展聚集能力、社会公共服务能力和创新与协调发展能力五个维度构建自我发展能力评价指标体系，用于测度四川藏族聚居区自我发展能力指数⑤；王秀艳（2019）从居民素质技能、企业创新能力、产业竞争能力、政府调控能力四个方面测评了包括西藏在内的民族区域自我发展能力，结果发现西藏自我发展能力整体水平在全国处于偏低位置（排名第 31 位）⑥。

3. 藏族聚居区"内生"发展能力培育的制约因素及路径研究

培育藏族聚居区"内生"发展能力是"精准扶贫"机制实施以来学术界一直关注的议题之一，分析制约因素、探索可行路径成为研究的重要指

---

① 李海红，张剑. 西藏自我发展能力评价体系构建分析 [J]. 黑龙江民族丛刊，2013（6）：16-22.

② 李豫新，张争妍. 西部民族地区自我发展能力测评及影响因素分析 [J]. 广西民族研究，2013（3）：161-169.

③ 吕翠苹，秦君玲. 西藏自我发展能力实证分析：以日喀则市为例 [J]. 西藏大学学报（社会科学版），2015（4）：32-37.

④ 徐孝勇，封莎. 中国 14 个集中连片特困地区自我发展能力测算及时空演变分析 [J]. 经济地理，2017（11）：151-160.

⑤ 严子明. 四川深度贫困地区自我发展能力测度与提升研究 [D]. 成都：四川农业大学，2019.

⑥ 王秀艳. 区域自我发展能力理论分析框架下民族地区自我发展能力评价 [J]. 中央民族大学学报（哲学社会科学版），2019（3）：84-92.

向，各种观点纷呈。其中，比较有代表性的观点有四种。第一种观点以王建民（2012）、左停等（2019）、张雁军（2020）为代表，他们从内生动力出发剖析西藏农牧民的文化、心理历程，认为个体心理资源匮乏、控制感缺失等引发的内生动力不足是解释因素①。第二种观点则从发展资本入手，如吕翠萃（2015）、郭佩霞（2017）、沈茂英（2018）、杜明义（2020）等认为自然资本、社会资本、人力资本、金融资本、物质资本的缺陷导致藏族聚居区"内生"能力不足，因此培育藏族聚居区"内生"发展能力需要提升发展资本、提高可行能力②。第三种观点从产业政策、区域经济结构入手解析藏族聚居区"内生"发展能力受限，如李豫新和张争妍（2013）、王永莉（2013）、刘洋和李海红（2015）、张剑等（2015）、黄蕾（2018）等认为产业发展的薄弱性与经济结构的不合理制约了地区自我发展能力，因此，要借助地区资源优势发展特色产业、调整经济结构、激发市场活力以提升地区自我发展能力③。第四种观点从组织建设出发，如以吴重庆和张慧鹏（2018）、贺雪峰（2019）、王蔷（2020）、吴冬梅（2020）、马良灿（2021）等为代表的一批学者认为，村级组织的组织力、凝聚力、引领力不足是阻碍"内生"发展能力的关键，因此，培育内生发展能力需要以强化乡村基层组织建设为抓手④。

---

① 左停，李卓，赵梦媛. 少数民族地区贫困人口减贫与发展的内生动力研究 [J]. 贵州财经大学学报，2019（6）：85-91；张雁军. 相对贫困视域下西藏牧区贫困治理的内生动力机制研究 [J]. 西藏研究，2020（6）：60-70.

② 吕翠萃，秦君玲. 西藏自我发展能力实证分析：以日喀则市为例 [J]. 西藏大学学报（社会科学版），2015，30（4）：32-39；郭佩霞. 西南民族地区脆弱性贫困研究 [M]. 成都：西南财经大学出版社，2017：40-95；杜明义. 可行能力视角下的深度贫困区特色产业脱贫对策 [J]. 中国发展，2020（5）：54-60.

③ 李豫新，张争妍. 西部民族地区自我发展能力测评及影响因素分析 [J]. 广西民族研究，2013（3）：161-169；王永莉. 西部民族地区自我发展能力的培育 [J]. 西南民族大学学报，2013（10）：138-142；刘洋，李海红. 提升西藏自我发展能力制约性因素及解决对策 [J]. 学术交流，2015（2）：106-110；张剑，江珊，班久次仁. 提升西藏自我发展能力的产业结构调整对策 [J]. 西藏发展论坛，2015（2）：33-35；黄蕾. 集中连片特困地区自我发展能力评价与提升研究 [D]. 太原：山西财经大学，2018.

④ 吴重庆，张慧鹏. 以农民组织化重建乡村主体性：新时代乡村振兴的基础 [J]. 中国农业大学学报（社会科学版），2018，35（3）：74-81；贺雪峰. 乡村振兴与农村集体经济 [J]. 武汉大学学报（哲学社会科学版），2019，72（4）：185-192；王蔷. 乡村振兴视野下农村基层党建问题研究 [J]. 中共云南省委党校学报，2020（6）：115-121；吴冬梅. 乡村振兴视阈下西藏农牧区基层党组织建设探析 [J]. 西藏发展论坛，2020（4）：41-46；马良灿. 新型乡村社区组织体系建设何以可能 [J]. 福建师范大学学报（哲学社会科学版），2021（3）：67-75.

二、研究简评

综上所述，已有文献对藏族聚居区"精准扶贫"机制的研究十分丰富，"精准扶贫"的内涵、运行机制、实践困境、实施效果评估构成了近年来研究的重要议题，且随着实践的深入推进，藏族聚居区"精准扶贫"的内涵及外延得以扩充和延伸，特别是"乡村振兴"战略提出后，有关"精准扶贫"运行机制如何与"乡村振兴"战略相衔接、如何完成机制转换的文献也越发多样化。这些研究给出的真知灼见、提供的丰富素材及理论支撑、铺设的方法与技术手段，无疑为后续研究的开展奠定了良好的基础。

但是，囿于诸种因素制约，对于藏族聚居区贫困治理与发展问题，学术界虽承认其单元的特殊性，认为研究不应被置于一般贫困分析框架中，然而，真正触及藏族聚居区诸种特殊情境的研究并不多见，特别是缺乏"深描"式探讨。也由于"深描"式研究有限，其给出的结论并不能够完全契合藏族聚居区发展的特殊需求，尤其是难以耦合藏族聚居区特有的多维约束机制，如：藏族聚居区发展的经济成本与社会成本；精细化管理与综合性、复杂性的基层治理之间的矛盾；藏族聚居区社会诉求和国家治理诉求差异等。

即便是藏族聚居区本土化的案例分析，也因为在项目分割的思路中开展而呈现出碎片化特征，且多倾向于给出技术靶向的微观机制的完善路径，但是，无论是贫困治理还是乡村振兴与发展，都不仅是技术运用过程，更是治理理念与整体方案实施过程，它需要关注各个政策之间的内在联系与协调性，特别是藏族聚居区绝对贫困人口全面脱贫后，"乡村振兴"战略要求的全面性、系统性治理与"精准扶贫"侧重于经济目标有着显著的差异性，那么，"精准扶贫"运行机制如何调整以适应这种转变、以什么理论指导或推动"精准扶贫"机制转型、用什么制度体系或措施驱动、经济性政策与社会治理之间如何融合等，都显得尤其重要了，可惜的是，脱贫攻坚阶段性任务完成后，以藏族聚居区为特定单元的这类研究实在有限。

此外，藏族聚居区乡村振兴与发展是一个以藏族聚居区各民族为主体、以国家援助为条件，并藉由主体、媒介、对象、环境、目标等诸要素的瞄准，拓展当地人口的社会时空以共享资源，进而实现当地人群根据本地区经济发展需要和区情特点增强自我发展能力、走上内生型发展道路的过程。因此，"精准扶贫"机制的本质也在于借助"到户到人"的具体操作及技术要领，培育市场主体、构建利益联结机制，从而激发"内生"发展能力；换句话说，藏族聚居区"精准扶贫"机制需要关注的基本目标在于是否促成了当地的"内发型"发展，实际上，脱贫攻坚与乡村振兴战略能否成功耦合的关键，也在于当地行动主体能否在一个宏观环境中以一种合适的组织形态存在并采取符合自己权利和义务的行动策略来获得行动绩效①，所以，对藏族聚居区脱贫攻坚后的内生发展能力水平做一个比较全面的评估，既是摸清"精准扶贫"机制在新阶段进行再创造的基础，也是考察乡村振兴战略实践推进的要求。而从已有文献看，虽有部分学者此前以藏族聚居区地域情境为本设计了自我发展能力指标体系并加以评估，但是，一来，这些成果多在 2018 年之前发表，评估难以全面性地反映脱贫攻坚决胜期后的藏族聚居区变化；二来，这些评估指标多基于区域"整体"视角设计，指标比较偏重于"硬件"条件、生产总值、经济结构等方面的考察，少有反映"个体""家庭"等更接近"社区"概念的微观主体"可行能力"变化的内容，而发展的本质是具体化到个体的"人"的发展、是具有情感联系与共同价值的微小单元"社区""村落"的发展，微观主体也是新时代乡村振兴战略实施中最具有能动性的主体，而且，"振兴"相较于"脱贫"而言更强调"能力"导向，是以，建立在区域"整体"层面的自我发展能力评估，难免在由"物"及"人"、强调微观"可行能力"方面有所偏漏；三来，这些研究侧重于以统计数据为基础的实证发现，突出的是区域自我发展能力的水平测评，虽不乏通过能力的解构阐释可能的制约因素，但总体上说，鲜少对能力水平背后的形成机理、要素联动、驱动机制等进行学理性剖析，其中，对特色产业这一重要的能力培育方式，揭示其"规模化""一体化"经营以何为媒、以什么传递路径建构或削弱个体化农牧户自我发展能力的研究极其欠缺。

问题是时代的声音，尚待解决的实践困境与理论盲区亟待研究做出回应。随着藏族聚居区的全域脱贫，藏族聚居区乡村振兴战略在未来如何布局、脱贫攻坚形成的治理体系如何再创造以支持新时代目标都需要明确。

---

① 卫志民，吴茜. 脱贫攻坚与乡村振兴的战略耦合：角色、逻辑与路径 [J]. 求索，2021 (4)：164-171.

具体来说：其一，研究需囊括宏观政策分析与微观治理效应，从地域特色与约束条件出发探讨藏族聚居区脱贫后发展的实践路径选择与创新转变，综合考虑技术手段、政治因素、文化因素影响，特别是超越精细化的技术治理，将基层组织的执行力和运作逻辑等与后续帮扶的互动关联性进行阐释、解答，并给出脱贫攻坚治理模式转换的可行路径，将是研究必然的趋势。其二，藏族聚居区"精准扶贫"机制实施的最终目标在于以国家嵌入扶贫资源为条件确立以民族地区当地人群为主体的内生型发展道路，关注"精准扶贫"政策对当地农牧户内生型发展能力的培育、对乡村基层自治能力的塑造，探究脱贫攻坚对藏族聚居区发展的长效影响机制，建立容纳宏观基础条件与微观主体可行能力于一体的"自律性"能力评估框架，将测评重心由"物"转向鲜活的"人"，应是新时代开展藏族聚居区研究的新指向。其三，藏族聚居区脱贫与发展既是到户到人的精准帮扶技术呈现的过程，也是国家区域性开发战略的实施过程，是集中央—省区—市县—乡村的跨层级协同机制与政府—市场—社会的跨部门有序参与的互动过程，超越"项目制"分析、关注乡村各系统之间的关联性与协同性，从整体治理视角出发探析藏族聚居区内生型发展能力培育的系统之道，也是时代性的研究命题。其四，巩固脱贫攻坚成果、衔接乡村振兴战略是藏族聚居区当下迎来的新使命，不同阶段任务目标、治理逻辑、面向群体的差异性呼唤新的解析理论来完成这种"外源"到"内生"发展的转变，因此，挖掘"内发型"发展理论的价值并做出再解释，同样是理论研究待深化的方向。其五，藏族聚居区"脱贫"到"振兴"过渡是"内生""自律性"发展能力从培育到提升的过程，以"能力"为旨，厘清藏族聚居区"内生"能力培育的内在逻辑，诠释其形成机制、动力来源、驱动要素、传递路径和影响机理，也是理论研究有待丰富的议题。

综上所述，本书立足于藏族聚居区这一特殊的地理单元，以"别与他域"为起点，从治理的系统性出发，在藏族聚居区贫困、宗教、民族、文化、经济相互交织渗透的情境中，关注具有地域色彩的发展约束机制；并以"内发型"发展理论为基础，尝试链接"精准扶贫"到"乡村振兴"的理论解释框架；在此基础上突出"内生能力"建设导向，将脱贫攻坚成效考察重点置于微观主体的可行能力方面，进而以地域现实情境为前提构建"自律性"发展指标体系，以实地调研获取的第一手资料为主要支撑评估藏族聚居区"自律性"发展水平，且借助"障碍度"理念寻找藏族聚居区"自律性"发展能力短板及制约因素；继而在廓清藏族聚居区"自律性"发展的内在逻辑、要素联动机制、关键因素、驱动路径框架中，对藏族聚居区"自律性"发展实践困境做出学理解析，从而有的放矢地给出因应对策。笔者希冀本书的研究具有夯实藏族聚居区治理的理论基础与提升政策实践成效的意义。

第三章 "内发型"视角下 "自律性"发展机制的 理论阐释

一、"内发型"发展理论溯源及主要观点

"内发型"发展理论作为建立在后发工业国、发展中国家经验基础之上的一种发展理论，发端于 20 世纪 70 年代联合国社会经济理事会对不发达地区项目开发达成的共识，瑞典 Dag Hammarskjöld 财团、联合国教科文组织对该理论的核心思想做出了初步的解释，其后，日本上智大学的鹤见和子（1976）教授率先以发展过程中的主体性为基点构建理论，经过后续研究者的不断补充、拓展，"内发型"发展理论发展成为指导后发国家/地区发展模式的理论体系。而 20 世纪 90 年代始，学术界对理论的实践性价值进行反思，在批判理论的"自言自语"弊病中，以 Ray、Vanclay 等为代表的研究者针对"纯粹"内生发展的不切实际，从可操作性出发对理论进行了拓展，提出"内生"发展不可孤立于内外系统的交流与合作，由此，"地方—超地方"框架被带入"内生"发展中而成为新内生发展理论。相对于传统观点，新内生发展理论不仅承认地方在农村发展中的主体性地位及对地方特有价值体系和文化传统的注重，也在整体视角中将超地方因素视为发展可资利用的要素。由于新内生发展理论是对前期"内发型"发展理论的发扬，二者思想内核具有一致性，因此，本书所说的"内发型"发展理论，并不做新旧区分，而是将其视为一体。

该理论最早旨在纠正和防止欧美主导的现代化模式所引发的弊害，强调实现发展目标的途径是一个富于多样性的社会变化过程，而从"目标一

致"下发展途径的"多样性"出发,"内发型"发展理论以具有共同生态特征、文化基础的村、镇、社区等"社区"为单位,逐步将"发展"的重点转向"自律性"创造,主张尽量减少对外域的依赖,借助自身资本积累、用自力促进发展。"地方性""自助""协调""创造"构成了理解"内发型"发展理论的关键词。其中,"地方性"强调发展单元的"当地"性,是发展要素、发展资源、发展动力等概念"在地化"的表达,"自助"重在倡导"地区发展由当地共同体的人们共同实现","协调"重在突出"地区发展与自然环境的调和",而"创造"则强调"通过精神的觉醒和智慧的发挥,使人们成为社会变革的主体"①。在"内发型"发展理论下,社会的底层单元"社区"具有了"发展"的独特意义和生命力,"发展"也不再是单纯的"经济"维度的纵深拓展,更是生活于社区之中的"人"的发展,不仅"社会结构、文化和精神传统方面的遗产及各种技术要由人民来复兴",而且,社区发展目标与发展方向也需由社区居民自主确定。社区居民作为发展的主张者,其具备的创造性成为达成明确发展目标和推动发展进程的关键。地区文化遗产、地区居民的自我变革、地区居民的主体性,共同构成了理论所阐述的"内发型"②,也只有建立于"内生"基础上的发展,才是真正意义上的发展。概括来说,"内发型"发展理论的核心思想在于地方主体性形成的发展过程能够产生满足地方居民多样需求的发展结果③。其主要观点包括:

(一)"内发型"发展是"地方"单元的发展

相对于现代化模型所强调的社会整体边界而言,"内发型"发展理论从底层的视角出发探究发展的模式,因此,具有高度共性的、小规模的"地方"成为理论的分析单位,并进一步指向"社区"概念。"地方"既是被限定实体的行动范围,也是关系网络互动的单元,在不同分析情境下,"地方"具有灵活性,它既可以是村庄,也可以是更大范围的区域。其中,具有典型代表的是"社区"这个单元,发展的主体生活于"社区"

---

① 鹤见和子."内发型发展"的理论与实践 [J]. 胡天民,译. 江苏社联通讯,1989 (3):9-15.

② 鹤见和子. 内发型发展论:以日本为例 [M]//北京大学社会学人类学研究所. 东亚社会研究. 北京:北京大学出版社,1993.

③ 章志敏,张文明. 农村内生发展研究的理论转向、命题与挑战 [J]. 江汉学术,2021 (2):5-15.

之中，"社区"是主体活动的地点，也是具有共同价值、共同目标、共同思想的纽带，是共同的风土人情背景下拥有共同体"一体感"的发展主体追求自立性与独立性的关系网络，同时还是定居者之间、定居者与外来漂泊者之间相互作用、创造出新的共同纽带的可能性的场域。简言之，"地方"是融合地点、共同纽带、相互作用三个方面于一体的概念，是内生发展的构成要素。而进一步分析"内发型"发展理论对"地方"分析单元的强调，最主要的原因在于，也只有在这种小规模地域范围和条件下，居民自身才有可能对自己的生活与发展决定采取什么样的方式，选择"地方"作为分析的单元，是对理论所强调的"地方主体性"这一核心概念的统一，是扎根于本土理念的具体化，它能够为审视地方社会和利益相关者在推动发展中扮演的角色给予更清晰的界定。当然，"地方"概念的界定也寓意着这种模式并非传统的、落伍的发展道路，它是"与现代化模型的并肩、竞赛以及相辅相成的关系"[1]。

（二）"内发型"发展是地方网络中"人"的"全面"发展

针对高度工业化社会带来的经济发展及物质生活的过度满足，鹤见和子在阐述"内发型"发展理论时明确指出，发展并非局限于提高物质生活方面，发展也不是纯粹的经济内容，发展从来都包括物质与精神两个方面，健康的发展也总是经济、社会和政治之间的平衡。不能满足基本需要或物质过度消费会阻碍人的精神发展，均是病态的发展，而要避免病态的发展，需要"通过精神的觉醒和智慧的创造性，使人们成为社会变革的主体"[2]。因此，"内发型"发展是经济、文化、社会与人类的多元化、多样性、全面性发展，是整体视角下地方政治、经济、社会、自然环境之间的动态、全面进步。"内发型"发展在关注"物"层面的同时，更珍惜并注重社区网络中"人"的主体性，"人"的发展才是主要衡量标准，物质生活、经济发展虽然在发展过程中具有重要的意义，但归根到底也只是实现"人"的发展的条件，"内发型"发展首先是精神价值实现的过程，也只有"人"的精神与智慧被启发并进行再创造时，发展的话语和技术才可能在

---

① 鹤见和子."内发型发展"的理论与实践 [J]. 胡天民，译. 江苏社联通讯，1989（3）：9-15.

② 鹤见和子."内发型发展"的理论与实践 [J]. 胡天民，译. 江苏社联通讯，1989（3）：9-15.

一个体制性的领域内生产及运作，社区居民才能依靠自身力量找到经济社会发展的目标以及实现途径，社区才能保持活力。

（三）"内发型"发展是地方的"自律性"发展

社会体系和外部环境之间存在一定的界限，发展作为一个社会变化的过程，引发变迁的因素既可能来自社会体系内部，也可能存在于体系之外。在"内发型"发展理论中，地方的发展不应完全依附于外部社会体系，而应在自己内部基础上演化而来，发展应是内生、自主的社会变迁过程，发展的驱动力产生于内部，发展是地区内居民、各种利益集团联合起来去追求符合本地意愿的发展规划以及资源分配的过程，社区居民自主决策、自主确定社区的发展路径、发展模式。从根本上说"内发型"发展是"自我导向"的发展，它重在强调以个体或群体方式立足于地区自身优势和内部各种资源如资金、技术、市场、产业结构等，充分尊重自身的价值与制度，通过自身的努力独立地解决问题并最终找到适合自己的道路。正如鹤见和子在《内发发展理论》中所述，"内发型"发展是"地区的发展由当地共同体的人们共同劳动来实现"、是"不同地区的人们和集团适应固有的自然生态体系，遵循文化遗产（传统），参照外来的知识、技术和制度，有自律性地创造出实现'发展目标'的途径、实现目标需要具备的社会状态以及人们的生活方式"①。这种"自律性"，既是社区居民"自力更生"的过程，也是社区居民"主体性"的确定和捍卫。

但是，需要指出的是，"内发型"发展绝不是一个封闭性的、与外部交流相孤立的发展模式。地方的"内生"发展，虽然是特定场域内地方行动者主体性发挥的过程，是社区内部资源动员、居民自力更生下的社会变化，然而，它需要消除外部系统与内部系统之间的对立互斥，其过程是联结地方与超地方发展要素的过程，发展也是外部社会制度、技术、资源过渡与社区自身传统相互作用的结果，具体到实践中，发展需要对地方行动者、国家力量以及社会中坚力量的作用进行整合。"内""外"之间的交流与相互作用，可以从地区内的"定居者"与来自地区外的"漂泊者"之间的互动关系中得到解释。"对于定居者来说，漂泊者是异质的情报、价值观和思想的传播者，而定居者通过暂时的漂泊（定居者离开自己的定居地

---

① 鹤见和子. 内发发展理论［M］//陆学艺. 内发的村庄. 北京：社会科学文献出版社，2001.

向其他地方移动，又重新回到原来的定居地），接受异质的文化，然后再把它传播到定居地"①。因此，"内发型"发展其实倡导的是自主性改变与外部性协助相统一、地方传统与现代知识相融合的变迁过程。

（四）"内发型"发展是地方知识与传统文化"再创造"发展

在"内发型"发展理论下，发展既是经济维度上更是具有社会意义的发展。而社会的发展动力，除来自生产力水平的提高之外，还包括文化、宗教信仰等方面的作用机制。地区内适应固有的自然生态环境而创造出来的、代代相传的传统文化与力量也由此成为"内发型"发展理论特别强调的要素，包含着信仰与价值观的意识结构、世代相承的社会关系以及生产生活的有关技术共同建构了地方发展的传统力量体系。也只有从本地的传统出发，重视并利用固有的经济与社会基础，地方居民才可能按照自己的方式独立自主地创造出自我循环机制并走向发展状态。但是，需要指出的是，社区发展所依赖的传统文化与力量，并非是一成不变的趋向定例化、形式化的传统。"内发型"语境下的传统，是能够对新的社会条件做出回应的乡土知识，是旧文化在新环境中的适应、改造与拓展，传统文化之于发展的意义，不是简单的历史承继，而是新环境下传统在本地层面的创新与再创造。"内发型"语境下的传统，既是地方行为模式的选择基础，更是小民创造性的体现，是本地居民基于传统而超越传统的创新能力锤炼与增强过程。有了传统的"再创造"，地区内的人们才能够不断增强转换社会经济系统、应对外界挑战、学习与引进符合本地层次的社会规则等能力②，由此，真正意义上的发展才可能获得。从某种意义上说，地方性知识、传统文化即创新能力，"内发型"发展的传统研究实际上是对地区居民创造性的探究。

（五）"内发型"发展是适应地方生态系统的协调性发展

如果说，对传统文化的再创造是发掘与培育社区居民独立、创造发展能力的核心，甚至是"内发型"发展理念得以成功的最根本的途径的话，

---

① 鹤见和子."内发型发展"的理论与实践 [J]. 胡天民，译. 江苏社联通讯，1989（3）：9-15.

② 张环宙，黄超超，周永广. 内生式发展模式研究综述 [J]. 浙江大学学报（人文社科版），2007（2）：61-68.

那么，适应、保持当地生态系统则构成了相关主体行为方式的基础。善于从地方的自然环境出发，适应其固有的生态系统探索出人与自然相协调的循环机制，追求包括生活、福利、文化以及居民人权的综合目标，是"内发型"发展理念所倡导的发展状态。发展既是经济、社会维度的，也是自然环境维度的，地方的发展需要避开"人类中心主义"下的无序的自然资源采集和不计后果的环境使用模式，只有保持或增加生态系统存量，维持、加强环境系统的生产和更新能力，自然环境才能为当地的人类社会的存在与发展提供可持续的生计资源。"内生型"发展，首先是当地的人的行动与自然和谐共生的体系，社区居民发展目标的实现不可穷尽其所依赖的自然环境，居民的创造性需要在平衡协调中循序渐进、因地制宜，发展应是支持居民目标实现的生态系统和土地利用的空间构形等的平衡过程。

二、"内发型"发展理论与"精准扶贫"机制的耦合

概以言之，"内发型"发展理论要点可归结为：小地区范围、当地居民的主体性、传统文化再创造、基于传统开拓的发展路径、适应生态系统的发展模式①。自主性、协调性、可持续性、创造性、文化自觉等构成了"内发型"发展所强调的关键。因此，作为一种谋求特定地区自我发展路径的理论体系，"内发型"发展虽然可能因为强调"地方"性、"自律性"而与政策的统一性、强制力之间有所矛盾，但是，从总体上看，其思想却与"精准扶贫"机制，尤其是少数民族地区扶贫实践转向乡村振兴具有高度的耦合性。从某种意义上说，"内发型"发展理论是对"精准扶贫"机制的进一步发展，它对"精准扶贫"机制具有很强的内在承接性和递进性，两者之间存在多重耦合关系。

（一）"精准扶贫"是少数民族地区乡村主体性的重塑运动

毋庸置疑，依托外界的强力援助，我国少数民族地区在政府数十年的脱贫攻坚努力后，经济、社会发展有了巨大的进步，人民生活也不断改善。然而，从扶贫行动各主体的参与情况及各项经济发展指标综合来看，我国西藏、新疆及青海、四川、云南等少数民族聚居地区并未完全实现制

---

① 吴重庆. 内发型发展与开发扶贫问题 [J]. 天府新论，2016（6）：1-6.

度设计的预设目标，少数民族贫困地区仍不具备自我发展能力。例如，四川藏族聚居区①作为全国第二大藏族聚居区，在累计投入财政专项扶贫资金107.6亿元、统筹整合财政涉农资金286.94亿元②后，虽然于2020年2月宣布实现了全域脱贫摘帽，然而，当地的财政收入总量小、增长难、自给率低的状况并没有显然改变。其中，甘孜州地方一般预算收入仅占全省的0.77%，而支出高达420.5亿元，财政自给率为7.14%。据此，如果全面考虑脱贫攻坚的投入成本，则少数民族地区过去数十年依托外援助力推动的经济、社会发展模式显然面临着"可持续性"挑战。换言之，即便全部完成脱贫摘帽，如若扶贫行动无法促成乡村社会自身的延续与发展，那么，扶贫就不可谓"成功"。实际上，"精准扶贫"作为党的十八大之后提出的、相对于传统粗放扶贫而言的一种机制，旨在以"精准化"理念指导脱贫，采取精确识别、精确帮扶、精准考核、精确管理等方式，与其说是靶向操作的治贫手段，不如说是以靶向技术为载体的乡村社会发展主体重塑机制；"精准扶贫"的重点也不是单纯的外部资源以及政策支持的战术性精准配置，而是公共政策体系在战略上倡导与实现"内发型"发展。因此，"精准扶贫"机制的目标构想、战略设计的初衷，本身包含了扶贫行动"可持续性"的思想，是对乡村主体性重塑的一个回应③。具体到高度依赖外援发展的少数民族地区，"精准扶贫"机制更是需要重点解决乡村主体性重塑问题。

进一步说，如果"贵在精准，重在精准，成败之举在于精准"是我们理解顺利"脱贫"的关键，是保证特定时间节点下全面建成小康社会、完成脱贫攻坚目标任务的重要技术要求的话，那么，随着脱贫攻坚的收官，我国少数民族地区已经完成脱贫摘帽，这意味着扶贫行动事实上进入了新的历史阶段。相对于2020年之前的"精准扶贫"而言，新时代理论上已经不存在贫困人口了，但是，少数民族地区贫困率的下降只是测度标准固化下的一种表象，贫困人口在统计意义上的消除并不意味着少数民族地区再无贫困、也不意味着当地的发展已经具备条件，在"精准扶贫"解决了

---

① 四川藏族聚居区包含甘孜州、阿坝州和凉山州木里县32个贫困县。
② 数据来自新浪财经（http://finance.sina.com.cn/china/gncj/2020-02-21/doc-iimxyqvz4589867.shtml）。
③ 邱建生，方伟.乡村主体性视角下的精准扶贫问题研究［J］.天府新论，2016（4）：13-19.

贫困人口的基本生存后，当地的反贫困斗争重心在于巩固精准扶贫来之不易的胜利以及推动乡村的振兴与可持续发展。这对于长期以外援支撑发展的少数民族地区而言，可持续性发展或许比起脱贫摘帽任务更为艰巨，它也将是检验"精准扶贫"行动成效更重要的标准。因此，在缺乏集中的财政资源、国企资源、社会资源井喷式注入的全新时期，在驻村扶贫干部设计的独特脱贫计划随其撤出而渐趋于平淡后，面对少数民族地区经济社会发展的复杂性、新脱贫户的不稳定性，如何激发乡村居民的自主性、激活少数民族地区内生动力，将是新阶段无法回避的议题，重塑少数民族地区乡村主体性也必将构成小康社会的基础。由此，新时代藏族聚居区发展更需要以"内发型"发展为指引。

（二）"精准扶贫"是因"地"、因"人"施策的"地方"行动

"精准扶贫"机制的核心要义在于"精准"二字，借助"精准"的识别、帮扶、考核、管理，反贫困行动有效解决了目标偏离弊病。"精准"意味着扶贫行动需要针对不同区域环境、不同农户状态、不同贫困个体条件，运用科学有序的程序与方法设计、实施贫困治理方案。"地"不同、"人"不同，则方案有别，因此，"精准扶贫"机制本身就是一个强调因地制宜、因人施策的贫困治理行动。这一思想内核与"内发型"发展理论对于"地方性"和"主体性"的强调，无疑是高度一致的，置之于少数民族地区，更是吻合脱贫后少数民族区域乡村振兴的实践诉求。毕竟，与一般的贫困山村相比，少数民族贫困地区的自然环境、经济基础、社会发展、文化类型均具有相对的独立性、区域性、边缘性、过渡性和复杂性。例如，四川藏族聚居区是多种特殊性的统一，由于地处四川盆地边沿的秦岭纬向构造带、龙门山北东向构造带（华夏系）与马尔康北西向构造带交接过渡地带，当地自然生态与经济社会发展均带有多基质、多层次相交错的特点，其物质能量交换体系、景观生态群落、社会文化与结构、生产资源配置体系明显别于他域；不仅高山与深谷、山峦与溪沟相间排列，盆地、丘陵与中山、高山和高原并存，气候从亚热带向暖温带再向寒温带过渡，干旱河谷稀疏灌丛与森林、高山草甸犬牙交错，而且土地利用和产业结构也由农牧结构、农林牧副结构向林牧结构过渡；至于文化传统方面，也带有明显的汉文化与藏族、羌族、回族等少数民族文化过渡与融合的色彩。自然、经济、社会以及文化传统体系的过渡、交错及融合，使得四川

藏族聚居区山地复合生态系统、产业结构、农业生产资源配置等具有明显的地域差异性、垂直地带性、村落文化属性。在这样的多样性、融合性、独立性并存的系统中，面对少数民族聚居村落不尽相同甚至大相径庭的自然、经济、社会资源状况，任一模式化的扶贫方式、发展道路若不注意与小范围的"地方"概念相结合，外界资源若无法在"地方性"环境中得到适应和改造，都将难以奏效，精准扶贫取得的决定性胜利也终将因为无法内化为"地方"自身的发展路径而大打折扣。

从更深的人文、社会系统角度出发，少数民族地区处于复合界面的自然生态环境系统中，孕育出独特的传统文化体系和社会意识形态，其社会发展更是涉及不同尺度、多重空间，在精准扶贫、乡村振兴战略实施中，与利益相关的主体数目众多、行动者网络异常复杂，多样性或者异质性的主体在特定的时空因素下组成了纷繁复杂的社会图景，若我们无视"人"在发展中的特殊性，无视"地方性"居民及其意识形态上的差异性，发展将是缺乏与内部要素相互影响、相互作用的短期行为而无法持续。简言之，少数民族地区这一独特的地域单元所具有的特殊性与复杂性，呼吁其发展路径需要在强化"地方"概念中开拓，也只有依靠"地方"中民众的创造性、多样化发展，发展才能走向稳定与持续。

（三）少数民族地区"精准扶贫"是地方传统文化的创新发展运动

意识塑造我们的行为方式，并固化为习惯，进而改变人生方程式。民族文化作为少数民族人口精神面貌、心理状态、思维方式和价值取向等精神成果的总和，在最基本的观念基础和正确性评判的形成中起着关键性作用，是当地人认识世界、改造世界的精神源泉，它以无声的方式塑造了少数民族族群的物质与精神、功利定向和审美情趣、生产和消费、个人行为与社会规范等的相互关系。同时，传统文化作为一个整体上受自然、历史制约的社会现象，它是当地人群在特定时空条件下作为存在过程的感知、言说、交往、观察方式，是一个族群区别于另一个族群的特征与符号，而作为族群符号的文化，更是在集体性活动、社会行动中从不同层面发挥着整合、导向、秩序维持等多种功能与作用。扶贫是一个典型的外援与内力相互作用的社会过程。每一名贫困人士都是族群中的独特行动者，他们基于自己的需要、根据对情境的判断和理解采取行动。要协调群体成员、保持行动一致性并符合预设目标，需要以少数民族传统文化为沟通中介来消除隔阂、促成合作。传统文化,意味着某种价值观和行为规范被认可和被遵从。因此,贫困治理既是外界资源的精准输入过程,更是一场以民族传统文化作为秩序维持纽带的社会行动,也只有让行动者知道自己的何种行为在对方看来是适宜的、可以引起积极回应并倾向于选择,"外力"与"内力"才能引发共鸣继而形成发展的合力。

民族传统文化,对于发展而言首先是沟通的介质,是社会整合的载体,是认知导向与秩序维持的媒介。

其次,少数民族传统文化在精准扶贫、乡村振兴行动中,也是创新的要素,是社区内源式发展的核心资源。尽管我国少数民族地区多处于相对封闭的发展环境,但是,发展在当下总是在"竞争"语境下进行的。从竞争出发,资本、市场、劳动力等要素并非当地的优势,相比之下,少数民族地区包括服饰样式、特色工艺、建筑构造、村寨风貌、宗教信仰、饮食风俗、节庆活动等在内的物质与非物质的传统文化,由于集中反映了少数民族聚落演变的历史过程,相对完整地保留了民族基因,是少数民族族群的历史记忆与结晶,在社区发展过程中能够形成显著区别于"他域"的竞争要素。而且,这种竞争要素不会因为人口的流动和信息互换而致使族群文化特征的丧失进而影响到竞争格局,从某种意义上说,民族传统文化的发展虽然是一个排除与合并的社会过程,但是,民族的历史是其他历史所不可替代的。因此,传统文化在发展路径上并不是一个完全被市场化左右的民族符号与差别消失的过程,正是民族文化的多元与丰富,正是其中留存的历史记忆,为在竞争格局中区位条件欠佳的民族地区参与市场博弈提供了可供选择的空间,这种空间,既是文化资源向文化资本的转化过程,也是社区居民以自我力量开拓出适合本地的多样化发展路径过程。已取得的脱贫攻坚成果的巩固,更需要依托传统文化的传承与革故鼎新唤醒族群的发展意识、重塑民族社区乡村生活的价值与意义。

(四)"精准扶贫"需要少数民族地区"人—自然—社会"系统可持续机制

作为政策的精准扶贫,需要以"人—自然—社会"三大系统相互协调发展为前提,这既是脱贫的现实需要,也是少数民族聚居区脱贫具有可持续性的基本要求。毕竟,从刚脱贫摘帽的少数民族聚居区分布来看,多集中于我国生态与国防屏障区。这些区域一方面是我国的水源地、生物多样性中心,另一方面,也是我国生态不稳定性和脆弱性区域。藏族聚居区更是典型的多种基质、能量、结构、功能体系复合而成的生态敏感区域。青藏高原作为印度洋板块向亚欧板块俯冲隆起的产物，构造活动强、断裂发育使得区域内地质活动频繁，耸峙的高山、深切的河流及沟谷造就了起伏巨大的地形地貌，也造就了气候与植被垂直分异与生物多样性。众多的景观、能量和物质体系集聚在有限的空间里，从自然生态系统内部要素之间的非线性的作用机制来看，也意味着各种能量、物质体系之间较强的依赖性和对干扰的敏感性。在这样复杂多样而脆弱的生态系统中，人与社会的发展需要在环境限制阈值内进行，也只有适应固有的自然生态系统从而创造出地区经济、社会与环境协调的自我循环机制，人口与环境才能平衡有序地发展。精准扶贫机制既然是"因地制宜"的政策设计，本身就包含了与自然环境共生的理念，只是，对于新时代谋求乡村振兴、可持续发展的少数民族地区而言，需要更加突出对自然环境的遵从与适应。简言之，少数民族地区自然生态的复杂性和脆弱性决定了巩固脱贫攻坚成果、实施乡村振兴战略，必然是一个在环保的框架下追求包括生活、福利等的综合设计，如果少数民族人口无法在熟悉的自然环境中学会与环境共生发展，未来的社区又以什么立足呢？少数民族聚居区的发展前景，一定是"人—自然—社会"三维系统协调共进的美丽图景。据此，精准扶贫所包含的这种可持续性思想，与"内发型"发展理论倡导的协调有序理念具有天然的统一性。

三、"内发型"发展视角下藏族聚居区"精准扶贫"机制的拓展与重构

承上，"内发型"发展理论与"精准扶贫"机制虽分属两种不同的理论主张，但二者的思想内核却是高度一致的，尤其是 2020 年我国藏族聚居区全面实现脱贫，真正意义上进入了巩固扶贫成果、谋求地区自我发展的阶段，在这个过程中，激发并依托贫困人口自身资源与能力探索适于地区发展的道路成为工作重点后，"精准扶贫"机制要担负起"发展"的使命，更是需要以"内发型"定位来完善推进机制，即 2020 年以后藏族聚居区脱贫成果的巩固与区域的稳定发展，需要逐渐淡化外部植入色彩，"扶"的推进应转向以民族区域内部各项要素的组合配置来确立制度安排，依靠区域内的人力、物力、乡土知识和已有技术、技能等驱动民族区域与外部

市场的有机结合；精准施策的方向应以在引导、发现、尊重当地人口自身价值的基础上依托其自身努力与创造来完成经济增长与社会进步。

（一）"精准扶贫"向"内源"发展转化的媒介及微观机理

那么，2020年后藏族聚居区"精准扶贫"机制如何与"内发型"发展从理论走向实践指导层面的"共融"？从藏族聚居区经济社会发展的整体状况来看，在完成全面脱贫之后、独立走上"内发型"发展道路之前，尚需有一个衔接机制来完成这一由"外"而"内"的过渡，即将现行以政府为主导、高度依赖外部资源的"精准扶贫"机制转型为市场帮扶与内部脱贫为主的"内源式"扶贫机制。那么，"内源式"扶贫机制下内外交互作用的微观机理是什么？扶贫该如何由"外力"转向"内力"？后续的帮扶又该依托什么体系与机制来完成内源发展？该如何定位政府、市场、社会、社区、贫困人口等各相关主体在这个过程中的角色与作用？外部力量怎样实现对藏族聚居区内部各项要素的有效对接与配置？

从理论上说，"扶贫"到"脱贫"的过程实际上是政治动员、技术运用与文化互动的递进发展链条，在这一链条中，外在的"政治动员"借助"技术应用"能否内化为"内源性"发展，取决于内外文化互动的结果。在不同的扶贫阶段，文化互动的情况与产生的结果具有极大的差异性。一般而言，在"自然扶贫→政府扶贫→市场扶贫"的发展阶段中，以政府为主导的扶贫阶段，主要趋向于"异质文化"的输入，而"异质文化"与族群"同质文化"产生实质性"互动"并趋于良性循环，必定是族群传统文化吸收异质文化并以"市场"为导向的再生与创造过程，也只有建立在"市场"认同基础上的文化互动，才可能内化为内源性发展的力量，详见图3-1。经过多年的努力，我国藏族聚居区在经历以"同情共感"为基础的"自然扶贫"后，主要处于"政府扶贫"阶段。而依托行政系统强大的政治动员与资源投入能力，藏族聚居区贫困人口脱贫与发展的障碍逐渐被扫除。通常，阻碍贫困人口与社区从发展中受益的因素，可归结为资本约束、能力约束和权力约束三个方面，见图3-2。从调研情况来看，藏族聚居区经过这么多年的扶贫奋战，贫困人口与社区发展面临的资本约束与权利约束不断趋弱，生态保护与基础设施建设活动极大地改善了当地生态环境、解决了交通瓶颈与生活设施欠缺的问题，藏族聚居区的可进入性得以提升，如雅康高速的建成使原来从成都至康定7个多小时的车程缩小为

3.5 个小时，资本约束的放宽使得藏族聚居区参与市场经济机会增多，一个显著的案例就是具有极高时效要求的藏族聚居区生鲜松茸，在雅康高速通车后可借助冷链运输进入全国市场。而藏族聚居区"9+3"免费教育计划、新型农村合作医疗和新型农村社会养老保险等的推动也使得藏族聚居区少数民族人口享受基本公共服务的能力大大提升。因此，就当下而言，藏族聚居区脱贫与发展的障碍，在相当长一段时间内主要在于能力约束。而能力约束的突破，需要在文化交互过程中进行文化分享、匹配与学习以完成对域外异质文化的吸纳和本土性解释，进而完成传统文化的创新与再建，其微观机理详见图 3-2；在文化交互的过程中，贫困者与社区构成最重要的主体，共同在市场引导下完成技能训练以及异质文化与传统知识体系的整合与创新，市场导向与贫困者觉醒成为打破能力约束缺一不可的关键因素，也借助贫困者觉醒，外部帮扶的扶贫行动对于贫困者与社区而言实现了被动、消极减贫到主动、积极脱贫的转换，以行政主导的政府扶贫也由此转向市场与社会扶贫，至此，贫困者开始具备自我发展能力并进而探索内源式发展。当下藏族聚居区正处于政府扶贫向市场、社会扶贫转化的关键时期，外界资源与文化的输入能否有效启动并激发贫困社区学习与创新，成为藏族聚居区能否迈向内源式发展的重要节点。

图 3-1　扶贫发展阶段、文化互动情况与结果

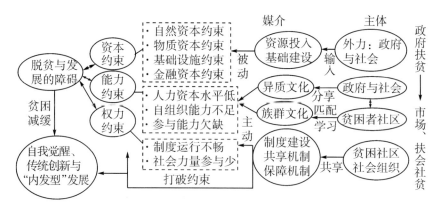

图 3-2　贫困社区发展障碍与内外力交互作用的微观机理

（二）"精准扶贫"向"内源"发展转化的对接体系

进一步解析政府扶贫向市场、社会扶贫转化节点中主体角色定位及介质，比较明确的是，政府的职责需由划桨转向掌舵、由直接的资源输入与项目运作转向合理的制度供给，顶层设计、利益联结、监督与调控、衔接社区与社会是该阶段的工作重点，见图3-3。其中，利益联结、衔接社区与社会是构建内源式扶贫机制的关键所在。而利益联结、社区与市场及社会链接又主要通过乡土资源和传统知识体系类媒介来激发贫困者的觉醒与创新。因此，发现、挖掘乡土资源与传统知识体系，并以此为媒介链接贫困者社区与社会帮扶力量，鼓励、倡导市场主体和社会组织入场帮扶，将纯粹的公益性扶贫转化为互益型扶贫，进而在更强调市场导向的社会帮扶中缔结利益机制以启发贫困者认识市场并按照市场规则参与市场，是政府变资源嵌入型扶贫为内源式扶贫机制的重要职责。

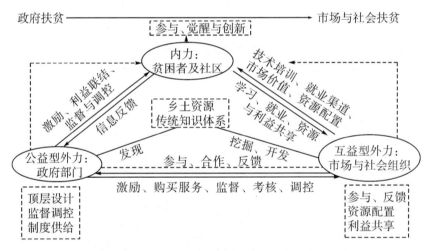

图 3-3　政府嵌入型扶贫与内源式扶贫对接体系

在这个对接体系中，启动激励机制是内源式扶贫的前提、利益共享机制是核心，而监测调控机制则是对接的重要保障，见图3-4。其中，启动激励机制既包括政府对贫困者、市场主体对贫困者及社区的激励，也包括政府对市场主体、社会组织的激励，在这个过程中，政府税收优惠等制度供给构成了激励机制的基础。而企业、社会组织与贫困者及其社区如何共享利益，是"内发型"发展力量涌现并不断淬炼的灵魂，也是"内发型"

发展的动力来源。在包容性的利益共享纽带链接下，贫困者及社区自发自觉地吸收外域知识、反省传统、进而找寻并挖掘乡土资源和传统知识的社会与市场价值。这种文化自觉，既是族群传统文化吐故纳新的继承，也是贫困者及社区居民精神与能力的再创建。最后，包容性利益共享机制要得以长效运行，有赖公益性的政府发挥监测调控作用，这既是互益型合作的制度保障，也是内源式扶贫中多主体明晰权责、沟通协调、调解冲突等的制衡机制，又是贫困者及社区走上"内发型"发展的治理基础。

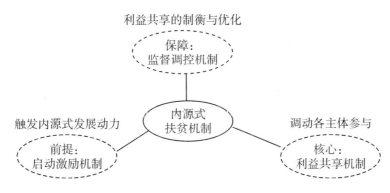

图3-4　内源式扶贫机制构成体系

（三）"精准扶贫"向"内源"发展转化的实现路径

"精准扶贫"让藏族聚居区直接依赖外部资源，完成了全部贫困人口的脱贫工作，那么，接下来激活乡土资源、传统知识体系的减贫作用，在巩固现有脱贫成果的同时提升可持续生计能力是"内源式扶贫机制"做到"持续性""内发性"的关键。而从藏族聚居区区位条件、经济社会状况、发展障碍及贫困人口特征出发，"内源式扶贫机制"要顺利帮助藏族聚居区迈向"内发型"发展，既需要政府兜底性的社会保护政策保障社区居民最大幅度享有权利与福利，也需要可持续生计项目提升自我发展能力，见图3-5。

其中，兜底性的社会保护政策，包括免费的义务教育与职业教育计划、医疗保险、养老保险、农村低保、扶贫保险和农业保险等，不仅能够有效覆盖丧失劳动能力、难以从项目平台受益的老弱病残等特殊低收入人群，保障他们基本生活需要、做到"病有所医""老有所养""衣食无忧",而且能够有效预防边缘群体因为意外、风险的负向冲击而滑入"贫困陷阱"。而这些权利与福利保障实现的路径,关键在于政府的制度供给及后续的不断完善、优化。

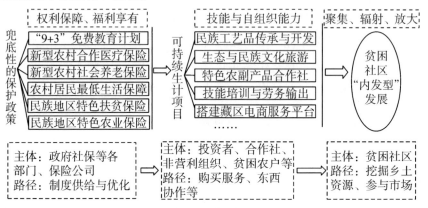

图 3-5 藏族聚居区内源式扶贫机制的实现路径

社会保护政策为藏族聚居区走上"内发型"发展道路建立起了基础安全网络,但是,还不足以达成"依靠自我力量独立发展"目标,因此,"内源式扶贫机制"的重点在于依托可持续生计项目培育起当地居民独立发展所需的技能、自组织能力等。如前所述,"内源式扶贫机制"由"外"及"内"的媒介主要是文化,所以,从藏族聚居区当地的乡土资源、传统知识体系①出发,重点选择"民族特色工艺品""生态与民族文化旅游""地域特色农产品""技能培训与劳务输出""电商平台"等项目培育社区居民自我发展能力,应是今后一段时期的重心。当然,需加以强调的是,社区发展的"内生"能力得在减少对外部资源的直接依赖、尽可能遵循"市场经济"规则的情境下才能真正获取。因此,今后有必要淡化政治过程与行政干预色彩,借助企业、社会组织等更具市场导向的主体来推动可持续生计项目。为此,可供选择的路径是,在税收优惠等照顾性政策的引导下,以政府购买企业或社会组织服务、缔结利益共同体等方式推动可持续生计项目,在这个过程中,政府需要跳出具体运作过程,将重点置于监

---

① 乡土资源和传统知识体系一般包括相互联系的乡土生物资源、自然资源和资源利用知识等内容,它们直接满足社区居民生活需求,属于最基本的生计资本,且在知识、资源、市场等方面对外部的依赖性较弱,是社区居民所熟悉和深入掌握的,由此出发设计可持续生计项目具有极高的可接受性和推广性,也吻合"本源""内生"理念。

督与调控，确保利益共享与包容性即可。此外，值得提出的是，"东西协作"这一具有中国特色的制度安排，在资源投入与使用监控上，更强调结果而非过程，因此在扶贫实践中比垂直的行政扶贫具有更高的"市场"导向性，这也比较贴近"内源"理念，因此，除在购买服务、缔结利益共同体等方式外，"东西协作"也是今后一个可行的推进路径。

第四章 "内发型"视角下藏族聚居区"精准扶贫"成效考察

一、"内发型"视角下"自律性"发展内涵及测评体系

从前文对"内发型"发展理论的阐述中可知,"自律性"创造是"内发型"发展的核心概念,它是一种依靠社区居民自身力量、相对独立的自主性的协调发展。值此"精准扶贫"收官之际,客观评估精准扶贫工作对藏族聚居区"自律性"发展能力的培育与影响,更是具有特殊意义。在此之前,有必要对"自律性"发展的内涵做一下阐释。

(一)"内发型"视角下"自律性"发展的内涵

什么是"自律"呢?作为单纯的中文词汇,汉语词典对"自律"的解释是"自己约束自己",即强调在没有人监督的情况下,通过自己要求自己,变被动为主动,自觉地遵循法度、约束自己的言行。"自律"属于不受外界约束和情感支配、据自己意志并依道德规律而行事的原则与品格。

但是,作为发展经济学的概念,"内发型"发展理论中的"自律"则在社会变迁中具有特殊的内涵,它构建了"当地"与"他域"之间的发展关系。"自律"既是发展中需要坚持的原则,也是发展的模式与路径,同时还是发展权利的宣告,是"趋同化"中"存异"、追求自身特色、谋求"异域有别"的发展理念。

首先,作为发展的行为模式,"自律性"发展是"自我导向""自力更生"型发展,是当地居民不受外力影响、不以外界意志为转移,依据自身

意愿、自主决策、自主规划、自主管理的发展范式,是地域内部参与、推动进程的发展,是本地居住者高度体现"当家作主"的"主人翁"意识发展过程,是凸显"自我"概念的社会变迁选择,是体现发展过程中地域范围内居民"独立"行动的能力。简单来说,"自律性"发展是系统内部各要素之间相互协作而产生的促进系统持续向前发展的模式,其动力机制来自系统内部。

其次,作为发展的路径模式,"自律性"发展强调的是发展资源的"内源性",即发展所需的物质、金融、知识、技术、人才、产业等,主要来自该地域范围之内,是当地居民遵循民族文化传统、动员内部资源探寻自身独特发展道路的过程;但是,这并不意味着发展所需的全部资源均出自"内","内源性"并不排斥吸纳外来资源以促成发展,然而,外部资源只能为"辅"而不可取代内部资源或成为发展的直接依赖。简言之,"自律性"发展中,所需资源应是"内"主"外"辅。只有从资源上摆脱对外部的直接依赖,地区发展才可能不受外界意志影响、不被"他者"左右,真正在行动层面达成自主与独立。

最后,作为发展的诉求与理念,"自律"还是地域传统知识、族群文化的"自觉"运动。这种文化"自觉",是居民对地域族群文化历史责任的主动担当,是居民对文化之"根"的找寻、继承、批判、创新、发扬,投射到经济社会发展上,它要求人们在新的时代条件下,有意识地利用本地的乡土知识与传统,挖掘与开发其蕴含的市场价值,增强其与不同文化之间的接触、对话、相处能力,从而不断提升传统文化的社会认可度和市场价值。总而言之,"自律性"发展是特定场域中的居民,在发展进程中旗帜鲜明地将乡土知识和传统作为载体或符号,在区别于"他者"的基础上,将其与市场经济的要求有机结合,挖掘其经济与社会价值,增强其对新时期、新环境的适应与转型能力。换句话说,"自律性"的发展,是彰显文化特殊性的发展,文化是"自律性"发展的媒介、工具与资本,发展应具备文化意义的软实力和竞争力。

(二)藏族聚居区"自律性"发展能力测评的指标体系与方法

概括来说,"自律性"发展是建立在内部资源基础上带有鲜明族群文化符号的区域内居民自立自主的创造过程,是以社群本身既有和重新发现的价值与制度为起点构建自我经济、社会循环机制的发展。内部资源、既有文化与制度、自主行动构成了"自律性"发展的核心要素。据此，评判特定区域是否具备"自律性"发展能力，也需要从这三个方面的内容出发。鉴于内部资源、既有文化与制度、自主行动都是"自律性"发展不可或缺的要素且具有同等重要性，笔者在征求相关专家意见的基础上，参考多维贫困测度原理，从资源独立性、文化自觉性、行动自主性三个维度构建了18个指标作为"自律性"发展能力的考察标准。具体设计如下：

1. 维度确定与指标选取

资源既是生计的基础，也是发展的条件，无论对于个体农户还是对于区域而言，都是可持续发展的前提，考虑到自然资源、物质资源、金融资本是经济社会发展过程中可量化的基础条件，笔者重点选择以下指标用以刻画藏族聚居区发展的资源独立性。其中，将人均耕（牧）地面积作为农牧民发展最基础的生产要素——土地的表征，以此反映藏族聚居区土地资源是否能够支撑现有人口；居住地与市镇中心的距离影响着农牧业产品的交易，笔者借此刻画藏族聚居区的区位条件。农业机械拥有量作为农牧业生产的投入物质与技术基础，交通车辆作为人们参与市场交易的载体，体现了区域内再生产的物质基础，故选择农业机械拥有量、车辆拥有量来反映藏族聚居区物质资源状况。储蓄存款余额作为满足农牧户基本生活开支后的金融资本，地方财政一般预算收入作为地方政府的财力基础，是再生产持续的金融资本多寡的直接反映，用以表达藏族聚居区发展的内部金融资本状况；而财政自给能力作为区域发展自立程度的体现，是藏族聚居区金融资本是否摆脱外部依赖、实现自足的直观反映，因此，笔者选择财政自给率指标（财政自给率＝地方财政一般预算内收入/地方财政一般预算内支出×100%）用以观测藏族聚居区金融资本的独立性程度。

文化自信及文化经济与社会价值的挖掘反映的是区域将自身的文化传统和资源与市场经济的特殊要求有机结合的情况，是区域脱离盲目模仿外域发展模式、让文化及产品附加价值回归本地的创造性发展能力，代表着人力资本可持续发展水平。地理标志产品质量、声誉等主要取决于其原产地。地理标志本身是当地人文地理情境的物化载体，表达了当地人口对地域文化的认同，同时，也是自然资源与文化价值在商品上的投射。藏族聚居区传统手工艺品如唐卡、泥塑、藏绣、藏刀、土陶、木雕、牛羊毛绒、银器等作为民族文化和智慧的沉淀，保留着民族独有的鲜明的地域性特征，是传统文化商品化的典型代表；旅游业作为当地独特的自然生态与民俗风情融合的经济链产业，既能反映藏族聚居区自然资源又能反映民族文化的市场化程度，所以，笔者选择地理标志商标注册量、传统手工艺品对家庭的贡献与旅游业收入占比（旅游业收入占家庭收入的比重）作为藏族聚居区地域文化认同、文化传播、文化产品市场参与和经济开发度的观测指标。

自主行动能力作为区域经济与社会建设独立进行的核心构成要素，它是家庭自我发展能力、企业自我发展能力和政府自我发展能力共同作用的结果。在既定资源基础与体能条件下，家庭、企业、政府行动能力主要由学习能力、管理能力与经营能力三个部分组成，因此，对藏族聚居区自主行动能力的评估，笔者也侧重从这三个方面入手。其中，学习能力是适应经济社会变化的基础能力，是影响个体终生发展轨迹的重要素质，从生计角度看，其能力高低主要取决于人力资源的受教育程度与技术水平，因此，以受教育年限、职业技能培训、接受技术指导频次三个指标加以刻画。管理能力是沟通协调、规划统筹、发现问题与解决问题等能力的综合，属于提高发展效率的能力，它反映了地域内人口矛盾化解、分工协作与组织引导的水平。考虑到社区概念上的组织、协作在日常生活与经济发展上主要通过合作社体现出来，且笔者从调研中了解到，藏族聚居区农牧民比较关心参与合作社的收益分配情况，因此，笔者选择是否参与合作社、是否在生产生活中发挥组织协调作用和是否具有合理的收益分配制度作为社群自组织能力与集聚水平的观测标准。而经营能力作为自主发展潜力的直接反映，比较核心的是市场参与能力，而市场参与能力具体可分解为产品附加值、品牌建设、销售渠道几个方面，所以，可用产品加工及附加值、品牌知名度、销售渠道稳定性指标对藏族聚居区民众的市场参与能力进行评估。

综上，藏族聚居区"自律性"发展能力指标体系及其具体解释如表4-1所示。

表 4-1 "自律性"发展能力评估指标体系

一级指标	二级指标	三级指标	四级指标	指标解释说明	临界值
「自律性」发展能力	资源独立性	自然资源条件	人均耕(牧)地面积	无0分;有但不能满足需要1分;基本满足2分;有富余3分	得分≤1分为不达标
			居住地与最近乡镇中心的距离	15千米以上1分;10~15千米2分;5~10千米3分;5千米以内4分	得分≤1分为不达标
		物质资本	农业机械拥有量	无0分;有但不足1分;基本满足2分;富余3分	得分≤1分为不达标
			人均车辆拥有量	无0分;有但不足1分;基本满足2分;富余3分	得分≤1分为不达标
		金融资本	储蓄存款余额	无存款或负债0分;1万元以下1分;1万~3万元2分;3万~6万元3分;6万元以上4分	得分0分为不达标
			财政自给率	低于15% 0分;15%~25% 1分;26%~35% 2分;35%以上3分	得分≤1分为不达标
	文化自觉性	地域文化认同	地理标志商标注册量	无0分;有1分	得分0分为不达标
		传统手工艺挖掘	传统手工艺品对家庭收入的贡献	无贡献0分;贡献达到家庭收入30%以内1分;贡献达到家庭收入30%以上2分	得分0分为不达标
		旅游资源开发	旅游业收入占家庭收入比重	占比小于15% 1分;16%~30% 2分;31%~50% 3分;50%以上4分	得分≤1分为不达标
	行动自主性	学习能力	受教育年限	无0分;1~6年1分;1~9年2分;1~12年3分;12年以上4分	得分≤2分为不达标
			职业技能培训	无0分;1项1分;2项以上2分	得分0分为不达标
			接受技术指导频次	从未接受技术指导0分;偶尔接受技术指导1分;经常接受技术指导2分	得分0分为不达标
		合作与管理潜力	是否参与合作社	无参与0分;有参与1分	得分0分为不达标
			是否在生产生活中发挥组织、协调作用	无相关经历0分;有相关经历但作用不突出1分;有且发挥主要作用2分	得分0分为不达标
			收益分配是否合理	不合理0分;基本合理1分;比较合理2分;很合理3分	得分0分为不达标
		经营能力	产品加工及附加值	无加工及附加值0分;初步加工及附加值1分;深加工及附加值2分	得分0分为不达标
			品牌知名度	无品牌0分;有品牌但无知名度1分;有品牌且小有知名度2分;有品牌且知名度高3分	得分0分为不达标
			销售渠道稳定性	客户渠道窄,销售困难0分;有销售渠道,但主要依靠政府或帮扶单位建立1分;有自主开发的稳定销售渠道2分	得分≤1分为不达标

2. 指标临界值的确定

指标临界值作为能力测评中用以划定被评价单元从一种能力状态转变到另外一种能力状态的重要区分标准，直接影响测评结果。鉴于能力测度中的诸多指标本属于难以清晰定义分界的指标体系，且已有研究也尚未达成一致意见，笔者在广泛征询专家意见的基础上，以70%以上专家认同取值作为共识，并据此确定指标临界值，最终形成如表4-1所示的四级指标临界标准。当某项指标达到其临界值条件时，则视为该方面能力不达标。

3. 指标权重的确定

指标的权重反映了每个指标在能力测评中的重要程度，不同的权重赋予情况会产生不同的"自律性"发展能力测评结果，如何赋予指标权重也是本书接下来需要解决的问题。鉴于资源独立性、文化自觉性和行动自主性在"自律性"能力建设中重要性程度不一，行动自主性维度指标意义略胜于资源独立性和文化自觉性。因此，笔者赋予资源独立性、文化自觉性和行动自主性维度的权重分别为0.3、0.3、0.4。至于维度内三级、四级指标的权重，则按照等权重法确定每个指标的权重，如资源独立性维度总权重为0.3，那么，其下级的自然资源、物质资本、金融资本权重均为0.1，而自然资源下的每个四级指标权重均为0.05。虽然，维度内指标以等权重法赋予，但因为每级指标个数不同，所以不同指标间的权重并不一致。按照此方法，对藏族聚居区"自律性"发展能力评价指标体系的权重分配如表4-2所示。

表4-2 "自律性"发展能力评价指标体系权重分配

二级指标		三级指标		四级指标	
指标名称	权重	指标名称	权重	指标名称	权重
资源独立性	0.3	自然资源	0.100	人均耕（牧）地面积	0.050
				居住地与最近乡镇中心的距离	0.050
		物质资本	0.100	农业机械拥有量	0.050
				人均车辆拥有量	0.050
		金融资本	0.100	储蓄存款余额	0.050
				财政自给率	0.050

表4-2(续)

二级指标		三级指标		四级指标	
指标名称	权重	指标名称	权重	指标名称	权重
文化自觉性	0.3	地域文化认同	0.100	地理标志商标注册量	0.100
		传统手工艺挖掘	0.100	传统手工艺品对家庭收入影响	0.100
		旅游资源开发	0.100	旅游业收入占家庭收入的比重	0.100
行动自主性	0.4	学习能力	0.133	受教育年限	0.044
				职业技能培训	0.044
				接受技术指导频次	0.044
		合作与管理潜力	0.133	是否参与合作社	0.044
				是否发挥组织、协调作用	0.044
				收益分配是否合理	0.044
		经营能力	0.134	产品深加工及附加值	0.045
				品牌知名度	0.045
				销售渠道稳定性	0.045

4."自律性"发展能力识别

至于测评样本是否具有"自律性"发展能力,其"自律性"发展能力达到了怎样的程度,这是发展能力指数的另一个临界标准问题。按照设计分值与权重,每份问卷分值越高代表"自律性"发展能力越强。对此,笔者拟以每个测评对象所有不达标指标加权分数为准将其细分为三个水平,当所有不达标指标加权分数均值≥1/2时认定为不具备"自律性"发展能力;当均值≥1/3且<1/2时,认定为具有较弱"自律性"发展能力;均值<1/3时,认定为具有较好的"自律性"发展能力,详见表4-3。

表4-3 "自律性"发展能力水平及其判断标准

"自律性"发展能力水平	取值范围
无"自律性"发展能力	不达标指标加权分数均值≥1/2
较弱"自律性"发展能力	1/3≤不达标指标加权分数均值<1/2
较好"自律性"发展能力	不达标指标加权分数均值<1/3

综上，本书对"自律性"发展能力指标体系的构建，既囊括了微观层面对个体、家庭的发展能力测评，也内含了宏观层面的资源承载、政府支持等能力评估。需要说明的是，发展能力从本质上说须在具体的个体劳动者身上呈现，而且与小范围的"社区"发展概念联系最为紧密的也是个体劳动者及其合作组织。因此，本书在构造"自律性"发展能力测评指标时，侧重于个体、家庭和基层合作社层面发展能力的测评，笔者更看重的是劳动者自身能动性和创造性的发挥而非发展的经济社会条件或基础量化评估。本书从而多以调查问卷和访谈为载体获取相关信息，这使得部分测评指标无法以精准的统计数据作为支撑，这难免带有一定程度的主观判断上的情感倾向与模糊性，然而，这并不意味着指标与现实的偏离，基于主观认知的指标依然包含着乡土社会最本真的内容，也更符合藏族聚居区居民偏向"社会人"理性的行为逻辑。

二、基于"自律性"发展的藏族聚居区"精准扶贫"成效考察

扶贫工作的最终目的在于通过改变贫困人口所处环境使其有机会走上自我发展的道路。因此，要回答"藏族聚居区精准扶贫工作取得了怎样的成效"这个问题，除了关注新修道路、脱贫人数等量化指标是否实现外，更需要从人的发展角度挖掘贫困人口能力的变化，毕竟，是否培育了贫困人口与地区的"造血"功能、提高了其"自律性"发展能力，才是经得起时间检验的脱贫标准。

（一）藏族聚居区扶贫资源投入与任务完成情况

回看藏族聚居区近年来推进的精准扶贫工作，一个普遍的共识是，在产业扶贫、教育扶贫、金融扶贫、搬迁扶贫、生态扶贫、医疗扶贫、保障扶贫等为支撑的政策体系下，各类扶贫性资金向藏族聚居区经济建设、社会事业发展进行了全方位的覆盖、渗透。笔者整理了四川省甘孜州、阿坝州 2018—2020 年各类扶贫资金，详见表 4-4、表 4-5、表 4-6，其投入规模之大、范围之广，超越了历史上任何一个时期。

表4-4　2018年四川省阿坝州与甘孜州各类资金扶贫投入情况

单位：万元

资金性质	资金来源		阿坝州	甘孜州
城乡居民基本医疗保险资金	中央和省财政补助	中央	25 123.9	34 429.27
		省级	6 291.26	8 409.05
		合计	31 415.16	42 838.32
	中央和省级财政一般性转移支付	中央	25 123.9	34 429.27
		省级	5 089.74	6 301.21
		合计	30 213.64	40 730.48
	省级困难群众个人缴费财政代缴		—	—
	合计		61 628.8	83 568.8
城乡居民基本养老保险资金	中央财政补助		9 776.61	10 926.51
	省级财政补助		1 074.79	1 360.29
	省级困难群众个人缴费财政代缴		1 188.17	2 503.38
	合计		12 039.57	14 790.18
地质灾害综合防治体系建设省级补助资金	避险搬迁		—	2 800
	工程治理与排危除险		1 906.19	4 329.61
	自动化实时专业监测体系		1 961.1	1 950.6
	合计		3 867.29	9 080.21
中央农村环境整治资金	—		5 482	13 600
农村扶贫公路建设	—		—	39 473
农村综合改革转移支付资金	—		14 888	20 299
农村危房改造资金	省级		10 398	—
	合计		10 398	—
农业保险保费补贴资金	中央		6 407	3 034
	省级		3 747	1 774
	合计		10 154	4 808

表4-4（续）

资金性质	资金来源		阿坝州	甘孜州
农业生产发展专项资金	中央财政农业生产发展专项资金	适度规模经营	418	697
		国家现代农业产业园建设	—	—
		优势特色主导产业发展	400	300
		培育新型农业经营主体	907	1 135
		绿色高效技术推广服务	1 855	2 182
		农村一二三产业融合发展	1 640	1 500
		畜牧业转型升级	423	432
		合计	5 643	6 246
	省级财政现代农业发展工程专项资金	现代农业示范市县（重点县）建设	900	900
		农业基础设施建设	505	885
		农业社会化服务体系建设	827	815
		农业产业发展	3 558	3 515
		农村一二三产业融合发展	1 600	2 400
		农业产业链条延伸	45	30
		合计	7 435	8 545
	合计		13 078	14 791
农业综合开发补助资金	中央财政资金	—	1 508	3 511.4
	省级财政资金	—	3 027.6	3 908.4
	合计		4 535.6	7 419.8
农业及生态资源保护资金	中央财政农业资源及生态保护补助专项资金	耕地质量提升	33.6	123
		其中：农作物秸秆综合利用试点	0	0
		渔业增殖放流	142	152
		草原保护建设和草牧业发展	8 116	11 550
		合计	8 291.6	11 825
	省级财政农业公共安全与生态资源保护利用工程资金	农村沼气建设	—	52
		草原生态保护与发展	5 168	6 097
		合计	5 168	6 149
	合计		13 459.6	17 974

表4-4(续)

资金性质	资金来源		阿坝州	甘孜州
藏族聚居区新居补助资金	中央补助(1.4万元/户)	—	5 957	15 260
	省级配套(1.6万元/户)	—	6 808	17 440
	合计		12 765	32 700
困难群众救助补助资金	中央	—	28 893	43 728
	省级	—	2 095	4 178
	合计		30 988	47 906
医疗救助补助资金	疾病应急救助	中央	27.08	33.79
		合计	27.08	33.79
	城乡医疗救助补助资金	中央	4 427	6 685
		省级	1 574	2 370
		合计	6 001	9 055
	合计		6 028.08	9 088.79
公共卫生服务、基本药物制度、医疗服务能力提升、计划生育服务专项资金	公共卫生服务（基本公共卫生服务、重大公共卫生服务）	中央	6 493.29	11 394.53
		省级	9 273.01	15 315.52
		合计	15 766.3	26 710.05
	公共卫生服务（中医药方面）	中央	403	518
		省级	1 131	1 179
		合计	1 534	1 697
	基本药物制度	中央	1 057.32	1 455.3
		省级	187.66	232.98
		合计	1 244.98	1 688.28
	公共卫生服务	—	872.89	1 839.17
	医疗服务能力提升	—	1 299	1 777
	计划生育服务	—	45.75	108.3
	合计		20 762.92	33 819.8

表4-4(续)

资金性质	资金来源		阿坝州	甘孜州
林业生态扶贫专项资金	退耕还林、还草工程	—	5 350.25	4 682
	天保工程森林管护费	—	7 672.5	21 203.94
	生态脆弱地区生态治理工程	川西北防沙治沙	575	5 325
		长江上游干旱河谷生态治理产业扶贫	3 000	1 500
	生态护林员	—	3 154	6 399
	森林生态效益补偿	—	17 726.3	32 423.97
	森林抚育	—	720	0
	造林补贴	—	536	0
	造林绿化	—	804	0
	省级湿地生态效益补偿	—	1 489	0
	合计		41 027.05	71 533.91
退牧还草工程中央预算内投资支出	调整后预算	中央预算内	5 771	7 889
		其中：前期工作经费	113	153
水生态治理和中小河流治理等其他水利工程	中央预算内投资支出	坡耕地水土流失综合治理工程	—	—
		中小河流治理工程	2 821	6 774
		大中型水利工程	—	—
		合计	2 821	6 774
水利扶贫资金（水利发展专项资金）	中央资金	—	16 505	22 416
	省级资金	—	10 241	17 047
	合计		26 746	39 463
大中型水库移民后期扶持资金	川财企〔2018〕49号抵扣后下达资金	—	1 658	1 054
	其中：中央资金	—	619	—
三州开发资金统筹整合使用资金	—	—	3 533	4 925
国家重点生态功能区转移支付	—	—	99 967	102 942
畜禽粪污资源化利用工程中央预算内投资	标准化规模养殖场		95	100

表4-4（续）

资金性质	资金来源		阿坝州	甘孜州
农村饮水安全资金	中央预算内投资支出	—	5 100	8 700
	省级专项资金	—	1 498	2 529
	合计		6 598	11 229
易地扶贫搬迁工程	中央预算内投资支出	—	4 079	26 773.8
	中央预算内投资支出预算调整	—	0	3.2
以工代赈示范工程	中央预算内投资支出	—	4 540	4 550
	其中：劳务报酬金额	—	454	455
贫困地区工业发展资金	中国制造2025四川行动	—	342	344
	技术改造与转型升级	—	424	1 230
	产业园区发展引导	—	280	280
	新兴产业和高端成长型产业发展	—	200	—
	合计		1 246	1 854
文化惠民专项扶贫资金	中央公共文化服务体系建设专项资金	贫困地区村文化活动室设备购置	856	0
		戏曲进乡村	398.4	585
		民族自治县边境县综合文化服务中心广播器材配置	204	392
		民族自治县边境县综合文化服务中心覆盖工程广播器材配置	0	14
		县级应急广播体系建设	450	907
		合计	1 908.4	1 898
	省级公共文化服务体系建设专项资金	村文化室建设	1 040	2 315
		文化院坝建设	684	1 692
		电视户户通入户接收设施	0	0
		村级应急广播系统	267	1 344
		县级应急广播平台建设	500	500
		系列文化惠民工程	1 300	1 800
		合计	3 791	7 651
	合计		5 699.4	9 549

表4-4（续）

资金性质	资金来源		阿坝州	甘孜州
省级内贸流通服务业专项资金	用于商务扶贫部分	—	4 800	4 200
省级教育扶贫资金	义务教育营养改善计划专项资金	—	599	1 134
	义务教育均衡发展专项资金	—	825	875
	学生资助专项资金	—	297	460.16
	扶持民族地区教育发展专项资金	—	8 764	11 645
	城乡义务教育经费保障机制专项资金	—	8 809	12 479
	中职职业教育发展专项经费	民族地区"9+3"免费教育计划和集中连片特困地区"9+3"扩面	107	154
	合计		19 401	26 747.16
省级科技计划项目专项资金	第一批	—	1 040	1 410
	第二批	—	404.306	991.986
	合计	—	1 444.306	2 401.986
就业创业补助资金	中央财政补助	—	7 449	6 364
	省级财政补助	—	1 769	1 512
	合计		9 218	7 876
县级基本财力保障机制奖补资金	—	—	139 423	125 920
中央专项彩票公益金	支持贫困革命老区脱贫攻坚资金	—	8 000	6 000
财政金融互动专项资金	促进扩大信贷增量	新增客户首贷奖补	34.54	25.74
	激励增加定向贷款	重点产业固定资产贷款奖补	0	0
		小微企业贷款增量奖补	201.95	606.5
		精准扶贫贷款奖补	126.29	384.28
		合计	328.24	990.78
	健全融资风险机制	实体企业贷款风险补贴	7.35	0
	完善融资担保体系	鼓励担保机构开展定向业务	0	108.27

表4-4(续)

资金性质	资金来源		阿坝州	甘孜州
	改善基础金融服务	支持薄弱地区能力提升	246	1 287
		支持农村支付环境建设	42.08	63.52
		农村信用信息采集	0	15.62
		合计	288.08	1 366.14
	其他	重点文化企业贷款增量奖励	0	0
	合计		658.21	2 490.93
财政专项扶贫资金	支援不发达地区发展资金	省级	590	640
	少数民族发展资金	中央和省级	2 744	3 559
		中央	1 500	1 952
		合计	4 244	5 511
	国有贫困农场扶贫资金	中央	184	—
	扶贫发展资金	中央和省级	60 285	92 898
	国有贫困林场扶贫资金	中央和省级	100	100
	以工代赈资金	中央和省级	5 875	7 730
	农村贫困残疾人扶贫资金	省级	150	—
	财政专项扶贫资金	省级	31 311	44 132.2
	贫困县涉农资金统筹整合试点奖励资金	省级	560	560
	脱贫攻坚考核奖励资金	省级	5 000	3 000
	贫困村产业扶持基金	省级	—	—
	合计		102 424	146 841.2
残疾人事业发展补助资金	用于发放残疾人扶贫对象生活费补贴	—	137.6	16.33
	用于残疾人康复、教育、就业、扶贫、社会保障等	中央	354.32	400.67
		省级	396.81	523.68
		合计	751.13	924.35
	合计		888.73	940.68

表4-4(续)

资金性质	资金来源		阿坝州	甘孜州
脱贫攻坚交通资金	水上交通安全监测巡航救助一体化	—	—	—
	交通建设推进方案	—	—	49 803
	2018年度交通精准扶贫攻坚方案	普通省道	9 199	33 175
		农村公路、桥梁	—	262
		合计	9 199	33 437
	普通国道提档升级工程	公路养护和应急保通中心	1 200	800
		公路养护管理站	1 557	675
		合计	2 757	1 475
	"8.8"九寨沟地震公路交通灾后恢复重建	—	13 000	—
	公交一卡通	—	269.94	152.08
	普通国省干线公路大中修工程	—	43 787	19 140
	普通国省干线公路固定超限检测站建设	—	120	—
	交通建设省级补助资金	—	69 132.94	104 007.08
	通村硬化道路	—	—	583 576
	村道窄路加宽	—	1 855.1	92.3
	农村公路路网改善	第一批	9 402	10 352
		旅游路资源路产业路	10 253	13 409
		县乡村公路完善工程	960	399
		通乡油路整治	3 339	16 302
		部定点扶贫专项	18 000	6 000
		第一、二批合计	41 954	46 462
	国省道生命防护工程	国省道生命防护工程	1 364	—
		县乡道生命防护工程	388	567
		村道安全生命防护工程	11 904.9	11 578
		合计	13 656.9	12 145

表4-4(续)

资金性质	资金来源		阿坝州	甘孜州
	公路危桥(危隧)改造	国省干线公路危桥(危隧)改造	1 367	—
		县乡公路危桥改造	—	1 227
		村道危桥改造	278	1 090
		合计	1 645	2 317
	乡镇客运站	—	—	40
	国省道服务区	—	105	675
	高速公路建设资金	—	57 766	40 000
	车辆购置税收入补助地方资金	—	116 982	685 307.3
	交通资金合计		186 114.94	789 314.38
土地整治项目资金	未纳入整合范围贫困县(预下达)	—	—	—
	纳入整合范围贫困县(预下达)	—	—	6 342.22
	工程费	土地平整工程	—	73.97
		灌溉与排水工程	—	107
		田间道路工程	—	182.56
		其他工程	—	0.33
		合计	—	363.86
	地力培肥	—	—	30.6
	前期工作费	市(州)级	—	2.485
		县(市、区)级	—	30.565
		合计	—	33.05
		勘测及规划设计(评审价)	—	29.5
		勘测及规划设计(按定额计算)	—	0
		其他	—	3.55
	工程监理费	—	—	9.6
	业主管理费	市(州)级	—	1.894 5
		县(市、区)级	—	10.735 5
		合计	—	12.63

表4-4(续)

资金性质	资金来源		阿坝州	甘孜州
竣工验收费	市（州）级			2.8
	县（市、区）级		—	11.2
	合计		—	14
不可预见费（留存省级）	—		—	13.92
土地整治资金合计			—	510.71

数据来源：根据四川省财政厅公开数据整理。

表4-5 2019年四川省第三批财政扶贫攻坚资金对藏族聚居区投入情况

单位：万元

资金性质	资金用途	资金投向	阿坝州	甘孜州
合计			16 900	23 400
中央农村环境整治资金	—	—	765	341
内贸流通服务业发展资金	深度贫困县商贸流通脱贫奔康示范县建设补助	—	600	5 400
	促进电商销售扶贫产品奖补	—	139.14	—
	第二批用于深度贫困县商贸流通脱贫奔康示范县建设	—	2 400	3 000
	合计		3 139.14	8 400
中央常规产粮大县奖励资金	—		—	—
工业发展资金	—	—	1 828	6 022
车辆购置税收入用于交通运输一般公路项目	精准扶贫地区客运站建设	乡镇客运站	264	—
		村级招呼站（牌）	7	—
		合计	271	—
	村级招呼站（牌）建设	非贫困地区村级招呼站（牌）	—	—
		贫困地区村级招呼站（牌）	4	490
		合计	4	490
	精准扶贫普通省道提档升级	—	37 510.34	—
	精准扶贫农村公路建设建议计划	—	—	210

表4-5(续)

资金性质	资金用途	资金投向	阿坝州	甘孜州
	2019 年度国省道大中修工程	—	33 855	32 255
	交通运输"厕所革命"	第二批资金	—	—
		第一批中运输场站	21.408 3	38.925
		第一批中渡口码头	—	1.8
		合计	21.408 3	40.725
	通村硬化路整治建议计划	通乡通村硬化路整治	154	—
		通村硬化路整治建议计划	1.8	226.2
		通乡整治建议计划	336	1 350
		通村整治建议计划	278	2 430
		合计	769.8	4 006.2
	村道窄路加宽	农村公路窄路加宽	44.2	263.9
		村道窄路加宽非国定贫困县	—	—
		村道窄路加宽国定贫困县	299	88.4
		合计	343.2	352.3
	安保工程建设	农村公路安保工程	3	85
		村道安保工程	—	30.8
		农村公路安保工程	78.4	841
		合计	81.4	956.8
	交通建设推进方案	—	—	86 200
	养护和应急保通中心	—	800	2 600
	养护管理站	—	1 890	2 484
	金沙江白格堰塞湖受损农村公路和桥梁灾后恢复工程	农村公路	—	6 245
		桥梁	—	8 000
		合计	—	14 245
	县乡公路生命安全防护工程	—	80	1 593
	村道安防工程建议计划(三州地区国定 66 个贫困县)	—	5 102.1	4 969.2

表4-5(续)

资金性质	资金用途	资金投向	阿坝州	甘孜州
	危桥改造建设	村道危桥改造	295	2 789
		县乡道危桥改造(国贫县)	414	2 450
		合计	709	5 239
	公路路网改善工程	旅游路、资源路和产业路	—	—
		农村公路路网改善	33 378	51 263
		农村公路路网改善(国贫县)	—	332
		合计	33 378	51 595
	县乡村公路完善工程建议计划	—	6 783	5 836
	通乡油路整治建议计划	通乡油路整治建议计划	—	—
		通乡整治建议计划	2 622	957
		通村整治建议计划	1 478	322
		合计	4 100	1 279
	深度贫困县通乡通村"两个100%"以奖代补建议计划	—	3 000	12 000
	美丽乡村旅游示范公路建设	—	1 214.1	
交通资金	车辆购置税收入用于交通运输一般公路项目合计	—	55 407.6	102 686.5
	交通建设省级补助资金合计	—	74 504.748 3	123 664.725
	车辆购置税收入补助地方资金	—	33 700	247 957
	交通资金合计	—	163 612.348 3	474 308.225
农村危房改造补助资金	—		366	—
农房抗震改造补助资金预分配	—		—	483.4

表4-5（续）

资金性质	资金用途	资金投向	阿坝州	甘孜州
财政专项扶贫资金	省级支援不发达地区资金	—	548	562
	扶贫发展资金	中央和省级专项资金	57 054	90 761
		省级专项资金	21 300	89 792
		中央专项资金	8 770	7 810
		合计	87 124	188 363
	少数民族发展支出方向	中央和省级专项资金	4 014	5 777
		中央专项资金	576	847
		合计	4 590	6 624
	国有贫困林场扶贫支出方向	中央和省级专项资金	—	—
		中央专项资金	—	100
		合计	—	100
	以工代赈	—	8 861	18 750
	合计		101 123	214 399
就业创业补助资金	中央	—	11 779	19 383
	省级	—	792	1 144
	合计		12 571	20 527
文化惠民专项扶贫资金	中央补助地方公共文化服务体系建设专项资金	戏曲进乡村	663	975
		县级应急广播体系建设	2 070	2 520
		农民体育健身工程	165	—
		农村电影公益放映	259.98	510.34
		合计	3 157.98	4 005.34
	省级公共文化服务体系建设专项资金	农村电影公益放映	23.55	46.25
		广播电视扶贫	11.42	145.78
		幸福美丽新村文化院坝	441	1 678
		村级文化室建设	815	2 155
		系列文化惠民工程	1 300	1 800
		（文化室、系列文化惠民）合计	2 115	3 955
		阅报栏	—	—
		合计	2 590.97	5 825.03
	中央专项彩票公益金支持乡村学校少年宫	新建项目	345	720

表4-5(续)

资金性质	资金用途	资金投向	阿坝州	甘孜州
	四川省宣传文化事业发展专项资金	文化惠民扶贫	104	322
	"三区计划"文化工作者专项经费	文化人才选派经费	276	328
		文化人才培养经费	35.88	52.92
		合计	311.88	380.92
	国家非物质文化遗产保护专项资金	重点项目	200	210
		羌族文化生态保护试验区建设	550	—
		国家级代表性传承人补助	24	26
		合计	774	236
	省级文化和旅游发展专项资金	非物质文化遗产保护年度重点项目	—	—
	国家文物保护专项资金	—	1 286	940
	合计		8 569.83	12 429.29
省级财政困难群众社会保险个人缴费代缴资金	城乡居民养老保险(含结算2018年)	—	276.06	44.55
	城乡居民医疗保险(含结算2018年)	—	2 103.35	4 763.97
	合计		2 379.41	4 808.52
健康扶贫省级补助资金	公共卫生服务	贫困地区疾病防控	177	292
		重大传染病和地方病防治	249.4	315.76
		艾滋病	—	—
		包虫病	1 800	5 560
		贫困人口复明手术	25.2	154
		民族地区基层医疗卫生机构岗位大练兵大竞赛	104	144
		深度贫困地区乡村医生定向委培	26	60
		深度贫困地区执业资格考试考前培训	52	74.75
		合计	2 433.6	6 600.51
	医疗服务能力提升	深度贫困县医院托管项目	—	300
		贫困地区县级医院临床重点专科建设	20	30
		贫困地区定向医学专科生引进	220	80
		凉山艾滋病综合防治示范区建设	—	—
		合计	240	410

表4-5（续）

资金性质	资金用途	资金投向	阿坝州	甘孜州
	计划生育服务	深度贫困地区长效节育措施奖励	45.79	108.4
	合计		2 719.39	7 118.91
水利建设专项资金	省级水利建设	—	1 811	—
	省级农村饮水安全	—	2 080	3 390
	合计		3 891	3 390
藏族聚居区新居补助资金	中央补助(1.4万元/户)	—	2 594.2	9 240
	省级配套(1.6万元/户)	—	2 964.8	10 560
	合计		5 559	19 800

数据来源：根据四川省财政厅公开数据整理。

表4-6 2020年四川省多类财政资金藏族聚居区扶贫投入情况

单位：万元

	资金性质	阿坝州	甘孜州
财政专项扶贫资金（第一批）	中央和省级扶贫发展资金	82 514	127 357
	中央和省级少数民族发展资金	4 483	5 953
	中央和省级以工代赈资金	10 587	16 921
	中央国有贫困农场扶贫资金	298	0
	中央和省级国有贫困林场扶贫资金	140	140
	省级支援不发达地区发展资金	400	400
中央专项彩票公益金	中央专项彩票公益金	18 000	14 000
农村危房改造补助资金	农村危房改造补助资金	—	—
工业发展资金	工业产业扶贫项目	1 225	752
	工业产业扶贫	500	700
	贫困地区园区（工业产业扶贫）	600	900
中小企业发展专项资金	工业产业扶贫资金	180	270
合计		118 927	167 393

数据来源：根据四川省财政厅公开数据整理。

可以说，在史无前例的资源支持下，藏族聚居区的基础设施建设、生态环境保护、社会事业发展、人们生活条件等有了巨大的飞跃。以四川省甘孜州为例，"十三五"期间共建成省级旅游扶贫示范区 6 个、示范村 71 个，打造了省级乡村旅游特色乡镇 5 个、省级乡村旅游精品村寨 6 个，全州接待游客数从 802.42 人次增长到 3 316.69 万人次、旅游收入从 80.3 亿元增长到 366.98 亿元；特色农业发展围绕"一圈一带一走廊"布局，完成了 3 个脱贫奔康百千米绿色生态产业带、2 个面积达百万亩的特色农林产业基地建设，且扶持和培育了 3 717 个农牧民专业合作社、1 360 个贫困村集体经济；生态扶贫初步构建了"山顶戴帽子、山腰挣票子、山下饱肚子"的立体生态格局，建成了 121 个风情小镇、458 个美丽村寨，培育特色林业产业基地 103.26 万亩；电商扶贫项目通过引入顺丰、京东等大型物流、电商企业，建成电商服务中心 18 个、乡镇农村电商综合服务站 291 个、村级农村电商服务点 1 116 个；累计投入的 558 亿元财政扶贫资金、86.89 亿元财政专项扶贫资金和整合的涉农资金 203.6 亿元，在藏族聚居区路、水、电等基础设施上突破了瓶颈制约；交通先行战略累计建成通乡油路 3 696 千米、通村硬化路 21 894 千米；985 个贫困村安全饮水工程保障了 101 万名群众的安全饮水；"电力天路"重大工程改造提升了 2 252 个村电网、2 085 个村通信网络，从而结束了甘孜州无民航、无高速、无电乡的历史；易地扶贫工程累计完成搬迁 18 265 户、危房改造（藏族聚居区新居建设）74 651 户、地质灾害避险搬迁 13 093 户、土坯房改造 6 863 户；15 年免费教育、"9+3"中职教育和"一村一幼"建设以及"控辍保学"专项行动着力于阻断贫困的代际传递；"健康甘孜 2030"行动的推进实现了基本医疗保障全覆盖，1 360 个贫困村均实现了有标准村卫生室目标，且累计治疗包虫病患者 1.51 万人，遏制因病致贫返贫现象初见成效；贫困群众就业增收项目共实现农村劳动力转移就业 50.48 万人、开发公益岗位 89 101 个；"双培双带"工程着眼于人才培育，从村干部中培养致富能手 3 475 人，从共产党员中培养致富能手 2 606 人，培养村支部书记 319 人，培养村"两委"其他干部 885 人，培养村后备力量 1 875 人，发展党员 1 527 人，培养入党积极分子 1 954 人；科技转化应用工程，省、州、县、乡共计下派驻村农技员 1 128 名深入深度贫困地区开展技术扶贫，培育新型职业农民 1 823 名，培训驻村农技员 4 152 人次，培训贫困户 114 466 人次，发放技术资料 107 874 份，协助贫困村编制村级产业发展规划 281 个，培育科技示范户 4 080 户，引进推广新品种 45 个、建科技示范基地 42 个，推广新技术 18 个，用腾讯 QQ、微信、E 农通、农技宝等指导农业技术 5 143 条；品牌建设上，"三品一标"农产品达到 205 个，其中地理标志产品达到 58 个、居四川省第一，举办的两届农产品产销对接现场会促销农特产品 29.71 亿元，"圣洁甘孜"成为四川省十佳农产品区域公用品牌，部分特色产品冲出四川、走向全国。到脱贫攻坚收官之际，全州实现了 18 个县（市）全域摘帽、1 360 个贫困村全部出列、22.3 万贫困群众脱贫目标，贫困发生率由 2013 年年底的 23.17% 降至 0.23%①。

西藏自治区同样取得了非常好的扶贫成绩。据统计，仅 2018 年，自治区就投入 8.69 亿元资金用以解决 13.93 万贫困人口的饮水安全问题，投入 372.97 亿元进行 1.36 万千米的农村公路建设，当年完成的农村电网建设（改造 4 696 千米，新修农村电网 2.08 万千米）解决了 541 个行政村通电问题；到 2019 年，全区已实现了 62.8 万贫困人口全部脱贫、74 个县（区）全部摘帽目标，其中，"易地扶贫搬迁"工程建成安置点 953 个，完成 26.6 万人搬迁、累计投资达 189.2 亿元；而"生态扶贫"工程建成 53 个扶贫苗圃，提供了生态补偿岗位 65.5 万个，并对每个生态补偿岗位提供每年 3 500 元的补助；"产业扶贫"工程，累计实施 2 591 个产业扶贫项目，投入资金达到 354 亿元，23.61 万建档立卡贫困农牧民从项目中脱贫，近 40 万名农牧民实现间接增收；"智志双扶"工程，累计培训贫困劳动力 15.5 万人次，18.6 万人实现了转移就业；在上述各项政策合力作用下，西藏农牧民人均可支配收入增长了 9 倍多②。

而从四川藏族聚居区和西藏自治区"十三五"规划的扶贫攻坚任务完成情况来看，我们可以直观感受到藏族聚居区自我发展的经济、社会基础越来越扎实，发展的"硬"条件日趋完善。

（二）藏族聚居区"自律性"发展能力评估

发展是内外系统有机结合的过程，需要"硬"条件与"软"实力共同发挥作用。随着"精准扶贫"工作收官，驻村干部及其他扶贫资源从藏族聚居区有计划地撤出，藏族聚居区的后续发展将以区域内生力量来主导。

---

① 数据来源于四川省甘孜州脱贫攻坚领导小组办公室《关于脱贫攻坚收官情况的报告》和四川省甘孜州农牧农村局扶贫资料。

② 数据来自西藏自治区"脱贫攻坚网络展"的相关材料。

那么，"十三五"以来的精准扶贫工作，又在多大程度上培育了贫困人口的自我发展能力，他们是否具备了独立发展的能力？若具备，其"自律性"发展能力又达到了什么样的水平？为了对这些问题做出回答，笔者尝试借助前文构建的"自律性"发展能力测评指标体系，以 2017—2020 年在藏族聚居区发放的调查问卷和官方发布的统计数据为基础，测评藏族聚居区"自律性"发展能力。其中，自然资源、财政自给率和文化自觉性、科技人员比重等指标数据由官方公开资料获取，而其他方面如行动自主性等指标则依靠调查问卷获取。笔者共计发放问卷 400 份，有效调查问卷共计 372 份，调查样本主要来自四川省阿坝州理县、四川省甘孜州的康定市和道孚县以及西藏自治区墨竹工卡县，具体分布如表 4-7 所示。

表 4-7　有效调查样本分布情况

	有效样本量	比例/%
四川省阿坝州理县上孟乡	54	14.52
四川省阿坝州理县朴头乡	70	18.82
四川省甘孜州康定市雅拉乡	76	20.43
四川省甘孜州道孚县玉科镇	100	26.88
西藏自治区墨竹工卡县门巴乡	72	19.35

对调查问卷等进行整理，样本中藏族聚居区在"自律性"发展各指标上的得分情况虽然各有不同，但是又具有相似性，总体来看，各地基础设施方面差异性并不大，但是，软实力尤其是产业发展与市场对接能力上还是水平不一。

1. 四川省阿坝州理县上孟乡

理县在精准扶贫工作带动下，提升了农村公路 570 多千米，改造电力线路 510 千米，安装灌溉和饮水管道 1 400 千米，灌溉面积达 3.3 万亩，建成藏族聚居区新居 640 户、异地搬迁 24 户、避险搬迁 83 户，基本实现了路上山、水到田、电入户、宽带网络到家门的愿景①。然而，进一步评估"自律性"发展能力指数，则可清晰看到其发展上的软肋。

其中，上孟乡作为阿坝州理县最偏远的一个乡，是嘉绒藏族聚居地，

---

① 脱贫路上"齐步走"：理县脱贫攻坚工作侧记 [N].阿坝日报（汉文数字报），2020-10-21（01）.

该乡虽然远离都市和商贸中心区域，但由于坐落在孟屯河谷风景区，经营旅游业和农业副业成为当地农户主要的生计活动，2019 年全乡参与各类旅游培训达到 190 人次，乡内现有自主旅游接待户 123 户，旅游从业人员共 468 人，在康体旅游和绿色生态农产品供给带动下，目前每年人均收入在 14 000 元左右，最后的 86 户共 323 人也完成了脱贫退出工作。相对于 2013 年前而言，上孟乡农户无论是住房、交通、饮水、教育与医疗条件还是家庭收入，都有了巨大的变化。那么，在现在基础上，我们需要进一步了解当地脱贫农户生计的稳定性以及区域的自律性发展水平。根据 18 个测评指标，在总计 54 份共 972 个指标中，上孟乡不达标指标共 473 个，平均不达标程度 48.7%，不达标指标加权分数为 0.492，介于 1/3 与 1/2 之间，具有较弱的"自律性"发展能力。

进一步分析各项不达标指标对"自律性"发展能力的影响力即影响率，农业机械拥有量、车辆拥有量、财政自给率、传统手工艺对家庭收入的贡献力、受教育年限、人员组织协调能力不达标占比在 70% 以上，耕地面积、旅游业收入占比、技能培训、品牌知名度、销售渠道稳定性不达标指标占比在 50%~70%（详见表 4-8、表 4-9），影响率从大到小的排序依次为：传统手工艺对家庭收入的贡献力（15.8%）、旅游业收入占比（12.8%）、财政自给率（10.2%）、车辆拥有量（9.4%）、农业机械拥有量（9.0%）、组织与协调力（7.4%）、受教育年限（6.5%）、销售渠道稳定性（6.1%）、职业技能培训（5.6%），详见表 4-10。从中，可大致观测到上孟乡的公共性基础设施建设已不再是发展的主要障碍，而社区"自律性"发展阻力关键还是来自人力资源的综合素质约束，且这种约束比较突出地外化为民族文化资源市场化转化能力以及地域标志性产品品牌塑造、销售渠道开拓能力过于薄弱。除此之外，从物质投入看，上孟乡农户家庭农机具和交通车辆数量较为欠缺，这虽然可能与当地耕地较分散降低了农户对农机具的需求有关，但是，作为一个依托康体生态旅游业而发展且地处偏远的乡镇而言，也应巩固发展难点与政策着力点，继续强化旅游业接待等方面的设施投入。

表 4-8　上孟乡"自律性"发展能力测评

一级指标	二级指标	三级指标	四级指标	指标得分	份数/份	临界值
"自律性"发展能力	资源独立性	自然资源条件	人均耕(牧)地面积	无 0 分	0	得分≤1 分为不达标
				有但不能满足需要 1 分	27	
				基本满足 2 分	20	
				有富余 3 分	7	
			居住地与最近乡镇中心的距离	15 千米以上 0 分	0	得分≤1 分为不达标
				10~15 千米 1 分	0	
				5~10 千米 2 分	54	
				5 千米以内 3 分	0	
		物质资本	农业机械拥有量	无 0 分	48	得分≤1 分为不达标
				有但不足 1 分	0	
				基本满足 2 分	6	
				富余 3 分	0	
			车辆拥有量	无 0 分	12	得分≤1 分为不达标
				有但不足 1 分	38	
				基本满足 2 分	4	
				富余 3 分	0	
		金融资本	储蓄存款余额	无存款或负债 0 分	3	得分 0 分为不达标
				1 万元以下 1 分	10	
				1 万~5 万元 2 分	33	
				5 万元以上 3 分	8	
			财政自给率	低于 15% 0 分	54	得分≤1 分为不达标
				15%~25% 1 分	0	
				26%~35% 2 分	0	
				35%以上 3 分	0	
	文化自觉性	地域文化认同	地理标志商标注册量	无 0 分	0	得分 0 分为不达标
				有 1 分	54	
		传统手工艺挖掘	传统手工艺品对家庭收入的影响	无贡献 0 分	42	得分 0 分为不达标
				贡献达到家庭收入 30%以内 1 分	12	
				贡献占家庭收入 30%以上 2 分	0	
		旅游资源开发	旅游业收入占家庭收入比重	占比小于 10% 0 分	18	得分≤1 分为不达标
				11%~30% 1 分	16	
				31%~50% 2 分	14	
				50%以上 3 分	6	

表4-8(续)

一级指标	二级指标	三级指标	四级指标	指标得分	份数/份	临界值
行动自主性		学习能力	受教育年限	无0分	7	得分≤1分为不达标
				1~6年1分	32	
				1~9年2分	8	
				9年以上3分	7	
			职业技能培训	无0分	34	得分0分为不达标
				1项1分	20	
				2项以上2分	0	
			接受技术指导频次	从未接受技术指导0分	12	得分0分为不达标
				偶尔接受技术指导1分	32	
				经常接受技术指导2分	10	
		合作与管理潜力	是否参与合作社	无参与0分	0	得分0分为不达标
				有参与1分	54	
			是否在生产生活中发挥组织、协调作用	无相关经历0分	45	得分0分为不达标
				有相关经历但作用不突出1分	6	
				有且发挥主要作用2分	3	
			收益分配是否合理	不合理0分	5	得分0分为不达标
				基本合理1分	23	
				比较合理2分	23	
				很合理3分	3	
		经营能力	产品加工及附加值	无加工及附加值0分	23	得分0分为不达标
				初步加工及附加值1分	25	
				深加工及附加值2分	6	
			品牌知名度	无品牌0分	29	得分0分为不达标
				有品牌但无知名度1分	20	
				有品牌且小有知名度2分	5	
				有品牌且知名度高3分	0	
			销售渠道稳定性	客户渠道窄,销售困难0分	6	得分≤1分为不达标
				有销售渠道,但主要依靠政府或帮扶单位建立1分	30	
				有自主开发的稳定销售渠道2分	18	

表 4-9 上孟乡不达标指标分布情况

维度	三级指标	四级指标	不达标指标份数/份	占比/%
资源独立性	自然资源	人均耕（牧）地面积	27	50
		居住地与最近乡镇中心的距离	0	0
	物质资本	农业机械拥有量	48	89
		车辆拥有量	50	93
	金融资本	储蓄存款余额	3	6
		财政自给率	54	100
文化自觉性	地域文化认同	地理标志商标注册量	0	0
	传统手工艺挖掘	传统手工艺品对家庭收入的影响	42	78
	旅游资源开发	旅游业收入占家庭收入比重	34	63
行动自主性	学习能力	受教育年限	39	72
		职业技能培训	34	63
		接受技术指导频次	12	22
	合作与管理潜力	是否参与合作社	0	0
		是否在生产生活中发挥组织、协调作用	45	83
		收益分配是否合理	5	9
	经营能力	产品加工及附加值	23	43
		品牌知名度	29	54
		销售渠道稳定性	36	67

表 4-10　上孟乡各维度指标对"自律性"发展能力的影响率　单位:%

样本区	文化自觉性		资源独立性			行动自主性（最高 3 个指标）		
	传统手工艺挖掘	旅游资源开发	财政自给率	车辆拥有量	农机拥有量	组织与协调力	受教育年限	销售渠道稳定性
上孟乡	15.8	12.8	10.2	9.4	9.0	7.4	6.5	6.1

2. 四川省阿坝州理县朴头乡

相对于上孟乡地处偏远而言，同属理县所辖的朴头乡则具有地利之便，位于国道317线上，辖区内有毕棚沟旅游风景区、甘堡藏寨—桃坪羌寨旅游景区、鹧鸪山自然公园等丰富的旅游资源，加上近年来精准扶贫工作立足当地地理气候条件，围绕特色产品引导农户种植甜樱桃、青（红）脆李等名优小水果，同时不断深化旅游接待以实现其产业转型。因此，就产业发展而言，朴头乡无疑是产业较为成熟的代表，而产业总体上也为当地奠定并支撑了当地的"自律性"发展基础，这表现在测评指标上，朴头乡"自律性"指标中不达标指标的占比特别是反映当地人口行动自主性之学习能力、经营能力占比普遍较低。具体来说，在总计70份问卷中，不达标指标数共394个，占指标总个数的24.1%，不达标指标加权分数为0.301，小于1/3，按照前文设定阈值，属于具有较好"自律性"发展能力的地区。

　　进一步观察朴头乡不发达指标分布，相对集中于财政自给率、组织与协调作用、受教育年限、产品加工及附加值、传统手工艺收入影响度、车辆拥有量这些指标上，其占调查问卷总数的占比分别为100%、73%、56%、59%、44%、39%，详见表4-11。从不达标指标对综合"自律性"发展能力指数的影响率看，各指标排序依次为：财政自给率（16.6%）、传统手工艺品对家庭收入的贡献力（14.7%）、组织与协调作用（10.6%）、旅游业收入占家庭收入比重（9.5%）、产品深加工及附加值（8.7%）、受教育年限（8.1%）、车辆拥有量（6.4%）、农业机械拥有量（5.4%）、职业技能培训（4.8%），详见表4-12。从中可以看出，首先，作为旅游资源开发与农业产业转型较早的乡村，朴头乡的核桃、特色水果等农产品虽然存在品牌建设滞后的问题，但是，这并没有显著影响到其市场营销，在某种意义上，依托乡村体验旅游、生态旅游，当地产出果蔬甚至小有知名度，已经转变成了游客"后备箱"可带走的旅游产品，且正逐渐成为成都、重庆等城市的"菜篮子"和"果园子"。因此，相对于多数地处偏远的乡村而言，农产品市场对接中最难的销售渠道问题在朴头乡已然被解决，而且，在一定程度上，也达成了对新型经营主体的培育；从另一层面来看农户与市场的对接情况，笔者也清晰感受到朴头乡在产品销售上更具有市场意识，更注意通过体验方式推广产品、也更注意把控产品质量以适应市场选择机制，这相对于其他乡村在政治高压下进行的消费扶贫而言，尤显可贵，然而，从深度发展的推进来看，品牌塑造依然有其必要性。其次，朴头乡以文旅互动新型服务业为抓手来推进产业融合、提升发展品质，文旅互动需要有效挖掘传统文化、手工艺品的市场价值，这要求当地得具有较好的创新能力与捕捉市场需求能力，但是，从不达标指标影响率来看，传统手工艺的市场化与农户受教育年限的制约还比较明显，且这一影响非短期内可以消除。再次，有效应对市场变化需要实现组织化、合作化，组织化与合作化在乡村层面常常依托领军人才的引领与带头作用，但是，从测评情况看，朴头乡"生产生活中发挥组织、协调作用"这一指标对其"自律性"发展能力的影响率排在第三，这侧面反映出其进一步发展必须直面组织机制建设与领军人才培育上的短板，而进一步剖析组织、协调能力制约是来自村组织机制建设还是人才培育。根据笔者的另一调查问卷，朴头乡75%的受访对象对村党支部、村委会等在扶贫开发、脱贫致富中的领导带头作用表示肯定，多数村民也表明表示支部能够"带大家致富""自己从中受益"，然而，对于"是否主动参与公共事务的讨论或提出建议"，43%受访者做出了"否"的选择，这说明朴头乡在今后的"自律性"发展道路上，还需要注意对群众参与公共事务及合作意识的培养，也需要发现并培育领军人才。

表4-11 朴头乡不达标指标分布情况

维度	三级指标	四级指标	不达标指标份数/份	占比/%
资源独立性	自然资源	人均耕（牧）地面积	18	26
		居住地与最近乡镇中心的距离	0	0
	物质资本	农业机械拥有量	23	33
		车辆拥有量	27	39
	金融资本	储蓄存款余额	2	3
		财政自给率	70	100
文化自觉性	地域文化认同	地理标志商标注册量	0	0
	传统手工艺挖掘	传统手工艺品对家庭收入的影响	31	44
	旅游资源开发	旅游业收入占家庭收入比重	20	29

表4-11(续)

维度	三级指标	四级指标	不达标指标份数/份	占比/%
行动自主性	学习能力	受教育年限	39	56
		职业技能培训	23	33
		接受技术指导频次	7	10
	合作与管理潜力	是否参与合作社	0	0
		是否在生产生活中发挥组织、协调作用	51	73
		收益分配是否合理	11	16
	经营能力	产品加工及附加值	41	59
		品牌知名度	16	23
		销售渠道稳定性	15	21

表4-12　朴头乡各维度指标对"自律性"发展能力的影响率　　单位:%

样本区	文化自觉性		资源独立性			行动自主性(最高3个指标)		
	传统手工艺挖掘	旅游资源开发	财政自给率	车辆拥有量	农机拥有量	组织与协调力	受教育年限	销售渠道稳定性
朴头乡	14.7	9.5	16.6	6.4	5.4	10.6	8.1	8.7

　　测评指标让我们对阿坝州"自律性"发展能力有了更为清晰的了解。但是,指标在某种意义上是苍白的,笔者在调研中发现的问题,远比指标鲜活。笔者在走访农户时发现,在谈及家庭未来发展、自身能力、可能性冲击时,不少家庭对疾病与健康做出了重点强调,认为患重病将是拖垮一个家庭的最大问题。笔者也在走访中了解到,虽然理县早已实现36个贫困村1 201户4 357名贫困人口的脱贫,但是,在脱贫户中,部分家庭属于因病致贫情况,这些家庭在社保和各类救助下实现了脱贫,但是,家庭可持续发展能力并不乐观。一个典型的案例就是,理县最后脱贫的甘堡村的王光秀一家,本吃穿不愁,且有20多万元的存款,然而,后因为家中两名"顶梁柱"的男性成员被确诊患癌,不仅积蓄成空,还欠债60多万元。事实上,理县有9个乡(镇)存在大骨节病患者,其所需药物、粮食,目前基本上依靠政府定期免费发放。倘若考虑患病情况,那么,部分脱贫家庭

的"自律性"发展能力将远不及测算结果。

3. 四川省甘孜州道孚县玉科镇

甘孜州作为中国第二大藏族聚居区——康巴的主体和腹心地带，地域辽阔，全州面积达 15.3 万平方千米，占四川省总面积的 31.76%，这里的藏族人口以大杂居、小聚居的特点分布。由于地势上属于四川盆地和云贵高原之间的过渡地带，不同气候类型随高差呈垂直分布，辖区内远离干流的地方呈高原地貌、干流流经之处为高山峡谷、介于两者之间的山原则为过渡性地貌，因此，甘孜州县、乡之间具有显著的差异性，既有农林牧业混合型，也有纯牧业型，在"自律性"发展能力上，不同县域之间更是具有明显的差异性。为此，笔者分别选取道孚县玉科镇、康定市雅拉乡代表纯牧业区和农林牧业混合区进行调研。从调研情况来看，甘孜州最显著的改变莫过于交通越来越便捷了，这不得不归功于近些年着力实施的交通先行战略。据统计，仅 2019 年，全州交通投资额高达 115.22 亿元，这一规模是此前 5 年累计投资额（2014—2018 年共计 6.63 亿元）的 17.37 倍，也正是交通上完成了破"堵点"、治"痛点"、解"难点"，为玉科镇、雅拉乡等的发展注入了强劲的动力。

如果仅以纯粹的经济性评估指标来考核道孚县玉科镇近年来的扶贫与发展成效的话，玉科镇的变化无疑是惊人的。作为地处贡嘎山深处的高原小镇，玉科镇 2018 年还停留在从镇到县城没有硬化路的状况中。笔者在 2018 年调研时，从道孚县城到玉科镇仅 60 多千米的路程竟花费了 3 个多小时，更别提通乡、通村路硬化、村级活动室、便民服务中心等的建设了，就连厕所在多数家庭里都不具备。玉科镇虽为传统牧区但无畜户众多，全镇共 648 户中仅贫困户就有 183 户 730 人，贫困发生率高达 28%。然而，不到 2 年时间，县城到镇上仅 40 分钟车程就能到达；2019 年镇集体经济收入达到 184 615.5 元，比 2018 年增长了 140 783.5 元；2019 年镇内贫困村人均收入为 9 208 元，比 2017 年年底提高了 3 722 元，增幅达 67.85%，其中，生产经营性收入人均为 1 191 元、工资性收入为 4 250.77 元，两者合计 5 441.77 元，其占比从 2017 年的 33.5% 提高到 59.1%；重点非贫困村人均收入为 8 967 元，比 2017 年年底提高了 3 506 元，增幅达 64.2%，其中生产经营性收入与工资性收入合计 5 640 元，在收入构成中占比提高到 62.9%；在人才培育上，脱贫奔康先头队、为民服务先锋队、文旅融合艺术队这三支队伍的成立也为发展提供了必要的人力支持，尤其是镇脱贫奔康先头队，目前已发展党员致富带头人 5 人、贫困户脱贫带头人 3 人、大学生返乡创业示范户 2 人；在产业发展上，特色种养业、劳务输出和租赁业、文旅产业也初步走上了发展轨道，目前存栏优质牦牛有 200 余头、种植中药材秦艽 400 亩、种植燕麦基地 2 000 亩，产业扶持资金投资回报率达到 7% 以上；银客专业合作社经过三年的发展，规模也开始壮大，母牦牛由成立初期的 100 多头到现在的 202 头，并在 2019 年为合作社建档立卡贫困户人均分红 200 元。笔者在走访贫困户时，也清晰地感受到玉科镇家庭收入增长速度之快。一个典型的例子是贫困户吉美俄色，在经过劳务培训后，他与妻子的务工收入成为家庭收入增长的主要路径，全家年收入目前已经有 7 万多元，平均每人增收 2 万元左右。可以说，在脱贫攻坚战略下，玉科镇农牧民家庭收入依赖财政补贴的程度正在逐渐减弱，劳务收入占家庭收入比例越来越高，根据估算，2020 年户均劳务收入增加了 2 000 元以上。

那么，在上述可喜的成绩背后，玉科镇是否已经完全具备了"自律性"发展能力呢？笔者依据设定指标对其进行测评，共计 100 份有效调查问卷，呈现出的不达标指标分布情况如表 4-13 所示，其中，财政自给率以道孚县财政自给率为准，其在 2020 年依然很低，本级收入基本无法满足支出，大概 94% 的支出依赖上级政府转移支付资金，收支矛盾尖锐的问题还是非常突出的。除了财政自给率外，农业机械拥有量、旅游业收入占比、产品加工及附加值、组织与协调力、受教育年限不达标指标占比在 70% 以上；品牌知名度、到最近乡镇距离、传统手工艺对家庭收入的影响、销售渠道稳定性、职业技能培训的不达标指标占比在 30%~70%，不达标指标占总指标数 43.6%。统计不达标指标加权分数，均值为 0.432，介于 1/3 与 1/2 之间，属于具有"自律性"发展能力但是该能力偏弱的情况。而致使其"自律性"发展能力偏弱的主要因素，10 个影响率较高的指标依次为旅游业收入占家庭收入比重（20.6%）、财政自给率（11.6%）、农业机械拥有量（10.3%）、发挥组织与协调能力（8.5%）、产品加工及附加值（8.2%）、传统手工艺品对家庭收入的影响（7.6%）、受教育年限（7.4%）、品牌知名度（5%）、职业技能培训（3.7%）、销售渠道稳定性（3.6%）；分项来看，文化自觉性方面指标有 2 个、资源独立性方面指标有 2 个、行动自主性方面指标有 6 个，其中，对文化自觉性影响率最高的是传统手工艺挖掘和旅游资源开发，对资源独立性影响最大的是财政自给率和农机拥有量，对行动自主性影响最大的组织协调能力、受教育年限和产品加工及附加值，详见表4-14。虽然，就影响率而言，文化自觉性和资源独立性的指标明显高于行动自主性指标，然而，无论是旅游资源开发、传统手工艺挖掘还是财政自给率，最终取决于行动自主能力，是人口综合素质作用的结果。因此，行动自主能力对"自律性"发展的实际作用应比测评结果更为显著。事实上，影响率前10的指标中，玉科镇行动自主性方面的不达标指标个数、占比也普遍高于理县，这也能够从侧面反映出人力资源对其发展的制约程度更为突出。

此外，需要加以说明的是，测评指标只能从单一视角对"自律性"发展能力进行简单评估，大量影响"自律性"发展能力的信息在指标估值中无法得到体现，而这些信息或甚为重要。为此，笔者通过实地走访获取的资料可以补充测评指标的不足。首先，一个比较显著的现象是，农业机械拥有量对于纯牧区而言，它的意义可能并不突出，而以家户为基础的调查问卷无疑在一定程度上放大了其对"自律性"发展的影响。此外，有些直接影响后续发展的内容，却在指标上反映不足，比如：近年来扶贫攻坚工作极大地提高了藏族聚居区的组织化水平，这充分地体现在"是否参与合作社"指标均能通过，但是，笔者在考察时发现，藏族聚居区合作社多在"面向市场＋企业（村民）主体＋支部引领＋政府保障"思路下发展起来，而多数合作社注册成立时间比较晚，产品销售也多通过政府订购、定点帮扶单位消费扶贫方式销售，质量良莠不齐，目前虽多有盈利且能够对社员进行分红，但是，行政性动员下短短2~3年的经营业绩并不足以反映其真实的市场参与和竞争能力。其次，玉科镇的三大产业分别为特色种养业、劳务输出和租赁业、旅游业，但是，特色种养业在当地人均收入中的占比只有11%左右，村民尤其是贫困户这两年收入提升的关键在于劳务取得的工资性收入增长，玉科镇专门成立的技术型劳务队在脱贫中发挥了不可忽视的作用，然而，劳务队工作地点、参与项目具有一定的特殊性，确切地说，务工地点主要在当地及周边，除了少部分技术工人，多数人从事的是下水泥、搬建材这类工种。更为关键的是，劳务服务的契机在于脱贫攻坚的深入推进加大了各项基础设施建设力度、施工企业用工需求增加，也正是抓住了此机遇，以贫困户为主体的劳务服务队务工收入显著增长，但是，基础设施建设存在周期，随着精准扶贫的收官，本地基础设施建设项目陆续完工，那么，后续建设性项目能否与近年投入持平、就近务工机率是否如常都是未可知的，如果情况发生变化，那么，劳务取得的工资性收入持续性和稳健性都有可能受到影响。

表4-13 玉科镇不达标指标分布情况

维度	三级指标	四级指标	不达标指标份数/份	占比/%
资源独立性	自然资源	人均耕（牧）地面积	11	11
		居住地与最近乡镇中心的距离	31	31
	物质资本	农业机械拥有量	89	89
		车辆拥有量	27	27
	金融资本	储蓄存款余额	19	19
		财政自给率	100	100
文化自觉性	地域文化认同	地理标志商标注册量	0	0
	传统手工艺挖掘	传统手工艺品对家庭收入的影响	33	33
	旅游资源开发	旅游业收入占家庭收入比重	89	89
行动自主性	学习能力	受教育年限	73	73
		职业技能培训	36	36
		接受技术指导频次	19	19
	合作与管理潜力	是否参与合作社	0	0
		是否在生产生活中发挥组织、协调作用	83	83
		收益分配是否合理	13	13
	经营能力	产品加工及附加值	79	79
		品牌知名度	48	48
		销售渠道稳定性	35	35

表4-14 玉科镇各维度指标对"自律性"发展能力的影响率　　单位:%

样本区	文化自觉性		资源独立性		行动自主性（最高3个指标）		
	传统手工艺挖掘	旅游资源开发	财政自给率	农机拥有量	组织与协调力	受教育年限	销售渠道稳定性
玉科镇	7.6	20.6	11.6	10.3	8.5	7.4	8.2

4. 四川省甘孜州康定市雅拉乡

雅拉乡位于甘孜州州府康定市东北，距市区 11 千米，拥有丰富的森林资源和广阔的草场，是以发展林、牧业为主的乡，青稞、小麦、蚕豆、马铃薯等是当地传统的农作物，辖区内比较重要的旅游资源有二道桥温泉和木格措景区。近年来，这里重点开展了山、水、田、林、路工程建设，国家累计投入各类资金 400 余万元，维修、新建村级公路 39 千米，建设人口饮水设施 19 处，完成坡耕地治理 0.22 平方千米，植树造林、封育治理、草地"三化"整治 11 平方千米。由于这些工程的实施，雅拉乡所有村民都可以喝上达标的饮用水，全乡 50% 以上的耕地也实现了有效灌溉，经过治理，当地粮食每亩平均产量比治理前增产 25 千克①。除了以工程建设夯实发展基础外，当地精准扶贫以"基地+""合作社+""旅游+"等利益联结模式推进中药材种植、绿色蔬菜种植和深挖旅游扶贫潜能引导农户增收致富，尤其是雅康高速的通车直接拉动了雅拉乡村民收入的增长。据乡头道桥村党支部书记郑建英所言，2018 年，雅拉乡仅民宿民居就接待游客9.6 万人次，实现旅游业收入 2 000 多万元，村民人均收入突破万元；而藏家人菌类生产加工、农民专业合作社等则以保证贫困人口保底分红占比5% 每户 500 元、后期根据收益情况逐年上涨分红比例（最高不超过 10%）的方式确保项目发展惠及贫困人口。这相对于以前村民种植土豆、青稞、小麦、荞麦等而言，算是有显著改善了②。

为了更客观地评估雅拉乡"自律性"发展的能力，笔者在雀公村、王母村等进行实地调研，回收有效问卷 76 份。数据整理结果如表 4-15 所示，不达标指标共计 562 个，占总数 41.1%，其中，财政自给率和地理标志商标注册量的不达标发生率最高（100%），农业机械拥有量（75%）、组织与协调潜能（70%）、产品加工及附加值（49%）、受教育年限（49%）、品牌知名度（45%）、传统工艺对家庭收入的影响（41%）、销售渠道稳定性次之（32%），不达标指标加权分数为 0.416，介于 1/3 与 1/2之间，属于具有弱"自律性"发展能力的情况。由于不同指标权重不一样，从对"自律性"发展能力的影响程度看，影响率最高的是地理标志商

---

① 数据来源：国家统计局农村社会经济调查司. 中国县域统计年鉴·2018（乡镇卷）[M].北京：中国统计出版社，2019：509.

② 村民种植土豆、青稞、小麦、荞麦等，由于鸟和野猪侵扰得厉害，年收入才 500 元左右，有些时候甚至连成本都收不回来。

标注册量（24.0%）和财政自给率（12.0%），次之的是传统手工艺对家庭收入贡献（9.8%）和农机拥有量（9.0%），行动自主性方面影响率最高的三个指标分别是组织与协调力（7.4%）、产品加工及附加值（5.3%）、受教育年限（5.2%），详见表4-16。

从测评结果看，雅拉乡和玉科镇的"自律性"发展能力几乎相当，但是，二者间事实上存在差异，反映在指标上，雅拉乡虽然在高原绿色蔬菜种植上具有更大的规模，但是没有地理标志产品，因此，产品附加值和品牌效应稍弱，尤其在2020年新冠肺炎疫情冲击之下，雅拉乡大量成熟蔬菜无人问津，若非消费扶贫政策帮助解决了燃眉之急，数千名农户必将受损。从产业发展规律出发，雅拉乡目前还只是完成了产品到商品的转化，而如何让商品变品牌、品牌带产业成为农牧民持续增收的道路，显然还得经过一段时期的努力。相比之下，因为康定地理区位上更为便捷，在雅康高速通车后，从成都到康定只需3个多小时即可到达，所以雅拉乡农户依托二道桥温泉和木格措景区开展旅游接待业务的条件更成熟，旅游业也成为当地农户替代挖虫草收入的一个主要途径。此外，从扶贫产业发展来看，雅拉乡贫困农户对蔬菜、中药材种植的依赖性高于玉科镇，这要求农户得具有更强的市场适应能力。实际上，从销售渠道、产品加工及附加值等不达标指标发生率看，雅拉乡总体上是优于玉科镇的，然而，由于当地选择以中药材种植作为发展产业，而秦艽、大黄、波棱瓜、刺龙芽、藏红花等中药材对种植、管理技术要求高、成本高、市场需求波动大，再加上药材生长期长，要三至五年才能见到效益，投资的风险相对于蔬菜而言较大，不少村民还持观望态度，这使得受访农户参与中药材合作社的积极性总体低于玉科镇，而且，就合作社的运营情况看，雅拉乡中药材合作社目前也还处于投资阶段，前期投资基本上用于农药、药材种子、网围栏、基地基础设施建设、管理成本、人工工资等支出，未来盈利能力怎样尚难下定论；但贫困农户还是较大程度从中得益，如雀公村的陈家富，年逾60岁，无一技之长，难以找到打工机会，而合作社为他提供了务工机会，他每年通过在中药材基地除草、打农药、种苗、施肥、浇灌获得20 000多元的收入。类似于陈家富这种情况的并非少数，然而综合来看，中药材产业培育的瓶颈制约还比较严重，也尚未达到规模、形成产业链条，其"造血"功能还有限，如何做大做强从而增强其带贫益贫能力依然是需要尽快解决的问题。

综合来看，雅拉乡"自律性"发展的制约，既体现为发展资源的依赖性，也表现为文化转化及行动能力的不足，但是，从根本来看，当下最关键的应该是提升人力资源的综合素质，毕竟文化自觉与行动自主源自人口的认知与学习能力，而在近两年脱贫人口中，雅拉乡文盲、半文盲率高达27.6%，如何转变这些农牧户缺思路、缺技术、缺能力的状态，才是"自律性"发展需要长期面对的"硬骨头"。

表 4-15 雅拉乡不达标指标分布情况

维度	三级指标	四级指标	不达标指标份数/份	占比/%
资源独立性	自然资源	人均耕（牧）地面积	9	12
		居住地与最近乡镇中心的距离	17	23
	物质资本	农业机械拥有量	57	75
		车辆拥有量	15	19
	金融资本	储蓄存款余额	6	8
		财政自给率	76	100
文化自觉性	地域文化认同	地理标志商标注册量	76	100
	传统手工艺挖掘	传统手工艺品对家庭收入的影响	31	41
	旅游资源开发	旅游业收入占家庭收入比重	14	18
行动自主性	学习能力	受教育年限	37	49
		职业技能培训	21	28
		接受技术指导频次	13	17
	合作与管理潜力	是否参与合作社	12	16
		是否在生产生活中发挥组织、协调作用	53	70
		收益分配是否合理	6	8
	经营能力	产品加工及附加值	37	49
		品牌知名度	34	45
		销售渠道稳定性	24	32

表 4-16 雅拉乡各维度指标对"自律性"发展能力的影响率　　单位:%

样本区	文化自觉性		资源独立性		行动自主性(最高 3 个指标)		
	地理标志商标注册量	传统工艺对收入贡献	财政自给率	农机拥有量	组织与协调力	受教育年限	销售渠道稳定性
雅拉乡	24.0	9.8	12.0	9.0	7.4	5.2	5.3

　　最后,"自律性"发展的前提是人口能够依靠自身劳动能力创造价值,并凭借可获取的各类资源有效抗击负向冲击,因此人力资源的身体素质和抗风险能力也会影响"自律性"发展能力。鉴于测评指标无法反映此类信息,笔者需要补充的是,从调研情况看,无论是玉科镇还是雅拉乡,甘孜州受访农牧户在身体素质及抗风险能力上都是存在一定缺陷的。

　　身体素质方面的缺陷主要表现为高原性心脏病、高血压、风湿和包虫病、大骨节病等地方性疾病易发。根据官方的一份资料,在康定市贫困户中,因病致贫户共 833 户,占 28.2%,若再加上残疾、智障、体弱人员,占比更高;至于地方性疾病,2019 年包虫病涉及 258 个乡镇 1 071 个村共 10 671 例,大骨节病涉及 12 个乡 30 个村共 846 例。对于这些完全丧失或部分丧失劳动能力的人口来说,目前其主要靠各类政府补助和社会保障性政策兜底,产业扶贫政策也因为其劳动能力丧失而无法有效带动他们进行家庭创收。再加上高寒牧区"婚姻意识"比较弱,非婚生子女情况也比较突出,一个劳动力负担多个子女的家庭不在少数,如江巴村一个母亲独自抚养三个孩子的家庭就有 9 户。这些缺乏劳动力的家庭,生活比较窘迫,且从发生率来看,该类家庭占比还比较高,根据官方统计,仅康定市因家中缺乏劳动力而致贫的就有 489 户,占 16.6%。

　　抗风险能力的不足也与当地自然条件高度相关,由于地处四川盆地和青藏高原的过渡地带,康定市山地面积占 87.8%,海拔 3 000 米以上高平坝占 4.12%,海拔 2 000 米以上的村落近 90%,特别在中高海拔山区,农牧户经常受山体滑坡、泥石流、雪灾、干旱等自然灾害影响。据不完全统计,2019 年甘孜州因灾导致经济损失 10 多亿元,涉及贫困村 46 个、贫困人口 553 户 2 343 人,尤其是丹巴县"6.17"山洪泥石流、"7.22"暴雨、"7.25"洪灾,直接造成 22 个村(贫困村 15 个)230 户(贫困户 155 户)1 298 人(贫困人口 593 人)的交通、电力、水利、通信、农牧业、公共服务设施、房屋等冲毁或严重受损,一旦受灾,很多已脱贫人口中的不稳定户以及边缘户，通常是很难抵御自然灾害带来的负向冲击的。由于自然灾害多发，甘孜州因灾返贫率比较高，根据州扶贫开发局的统计，每年因病因灾返贫户占总返贫户的比重在81%左右。

当然，一些特殊性因素也影响着四川藏族聚居区的"自律性"发展能力，如政策依赖性脱贫、传统观念致贫、陈规陋习致贫都还客观存在。其中，政策依赖性脱贫问题主要表现为部分脱贫农户家庭收入中政策转移性收入占比高，据统计，在甘孜州2019年动态调整后的共51 027户建档立卡贫困户中，政策转移性收入占家庭人均纯收入的比重为42%，享受低保政策兜底的占43.1%，在政策性补助占比如此高的情况下，一旦国家做出政策调整乃至取消补助，很有可能导致当下已经脱贫的部分农牧户"一夕返贫"。

至于宗教信仰对"自律性"发展的影响，客观地说，经过开展寺庙"五二二"学教活动引导藏传佛教发展与社会主义社会相适应之后，全州5.5万名寺庙僧尼总体上更加拥护扶贫攻坚等政策①，但是，藏传佛教中"戒杀生"思想对牧区牛羊的出栏率和商品化还是有所影响的，尤其是不少老年农牧民不愿意将饲养的牛羊宰杀出售。同时，从事宗教活动构成藏族聚居区农牧户生活中不可或缺的内容，在家拜佛、到寺庙朝佛、请僧人祈福等宗教性支出对不少家庭来说非小数目，这也在一定程度上影响了其对生产、教育等方面的投入。此外，藏族聚居区教义传承、寺院经济竞争也对正规学校教育造成了生源争夺，笔者在调研中了解到，有些寺庙会物色聪明伶俐的孩子、以免费培育为条件游说其父母让孩子到寺庙当小僧侣，而此类情况并非零星个案。

此外，部分陈规陋习也对四川藏族聚居区的"自律性"发展造成了负面影响。一是滥办酒席在折东地区较为普遍，据村民反映，最夸张的时候，一年需要随礼百余次，这给部分家庭造成了较大的经济负担；二是因牧场、资源、边界等纠纷引发的矛盾，当地仍然存在以"械斗"方式来解决纠纷的现象，由"械斗"引发的伤人赔偿等导致一些家庭陷入贫困，这在折西片区表现尤其突出；三是"婚姻观念"淡薄导致非婚生子女多、"母亲贫困"现象在部分地区比较突出，如道孚县扎坝大峡谷至今保留着"母系社会"遗风，当地盛行奇特的走婚习俗，当地人称之为"爬房子"，

---

① 引自：甘孜州脱贫攻坚领导小组办公室. 关于脱贫攻坚收官情况的报告 [EB/OL]. [2020-08-27]. http://www.gzz.gov.cn/gz-xxgk/xxgk/info.do? id=20200827170040-476637-00-000.

对于所生子女，父方不承担抚养责任，完全由母亲承担，不少女性也因为抚养子女压力过大而陷入困境。

另需额外加以说明的是，由于种种条件的限制，笔者的实地调研无法渗透到甘孜州最偏远的地区，即便是前文提及的藏族聚居区精准扶贫为"自律性"发展奠定了最坚实的基础设施建设基础，在不同地区的实际状况也是有区别的。笔者从与扶贫干部的访谈中得知，甘孜州部分"三边"（边远、边角、边界）地区依然存在基础设施建设短板，包括"三边"地区人口居住分散、村庄数量多、规模小，乡村空间形态聚合度低，因此客观上存在通信网络质量欠佳等问题；供水也因灾、因冻致使断水、缺水问题频发，目前尚有 8.9 万农牧民生活在小水电独立供区，还有 16 602 户边远吊脚户只能靠光伏解决生活用电；而且，由于地域广阔，运输距离大，以及昼夜温差大，供水、供电、路网等设施维护难、成本高，这也是建成后亟待解决的问题。

5. 西藏自治区墨竹工卡县门巴乡

西藏自治区是全国藏族居民最集中的地区，拥有中国二分之一的藏族人口，藏族居民占西藏人口的比重在90%以上，但是，由于青藏高原地域广袤，作为为中国人口最少、密度最小的省区，藏族人口在自治区内分布极度不平衡。鉴于拉萨属于人口最稠密的地区，因此，笔者选择在拉萨开展调研活动，但是，拉萨辖区范围过广，辖下县域之间差异很大，同时，高原反应、语言障碍等种种障碍使得在拉萨的调研只限于墨竹工卡县，因此，我们对西藏脱贫后"自律性"发展能力的测评，只能以拉萨市墨竹工卡县为例进行分析。当然，这种分析也只是管中窥豹，墨竹工卡县也无法代表西藏全域，但囿于高原自然地理环境恶劣、语言沟通障碍等，笔者即便尝试以电访、委托发放问卷等多种方式开展调研，调研难度还是很大，无法取得更多地域的信息，因此，笔者深知这一分析必然挂一漏万。

墨竹工卡县隶属拉萨市，位于西藏自治区中部、拉萨市东部，县境地处藏南雅鲁藏布江中游河谷地带，属拉萨河谷平原的一部分，辖区内平均海拔在 4 000 米以上。县政府驻地工卡镇，距拉萨市区 68 千米，有拉林公路从中穿过，辖下 7 乡 1 镇共有农村人口 50 009 人（11 930 户），2015 年识别贫困人口时，建档立卡户共有 1 690 户 7 236 人。这些年来，墨竹工卡把脱贫攻坚作为第一民生工程重点推进，根据县政府统计资料，2016—2020 年，县为脱贫攻坚整合资金共计 65 344.75 万元（2016 年为 12 012.48

万元、2017 年为 11 787.5 万元、2018 年为 20 508.74 万元、2019 年为 15 371.52 万元、2020 年为 5 664.51 万元），其中，中央与自治区资金 36 781.72 万元，占比 56.3%；地（市）资金 8 811.614 万元，占比 13.5%；县本级资金 19 501.42 万元，占比 29.8%；援藏资金 250 万元，占比 0.4%，详见表 4-17。从整合资金投资类别来看，生产发展类投入数额最大，共计 46 564.66 万元，占全部投资额比重为 71.26%；农村基础设施类次之，投资额为 8 255.46 万元，占比 12.63%；生态保护与建设类共投入 6 572.798 万元，占比 10.06%；培训就业类最少，共投入 207.18 万元，占比 0.32%，完成农牧民转移就业培训 958 人（其中建档立卡贫困劳动力培训 298 人）；其他类投资 3 744.65 万元，占比 5.73%，详见表 4-18、图 4-1。在庞大的资金支持与各方人员的共同努力下，483 户 2 231 人在 2016 年脱贫，1 165 户 5 112 人在 2017 年脱贫，35 户 117 人在 2018 年脱贫，最后的 4 户 7 人也在 2019 年脱贫，全县贫困发生率已经降至零，农村建档立卡户居民人均可支配收入由 2015 年的 1 970 元增长到 2019 年的 11 052.21 元。

表 4-17　墨竹工卡县 2016—2020 年脱贫攻坚整合资金来源与脱贫人数

年份	2016	2017	2018	2019	2020	合计
总投资/万元	12 012.48	11 787.5	20 508.744	15 371.52	5 664.51	65 344.75
①中央与自治区资金/万元	7 817.65	5 179.56	12 643.13	9 880.28	1 261.1	36 781.72
①资金占比/%	65.1	43.9	61.6	64.3	22.3	56.3
②地（市）资金/万元	2 154.97	2 227.94	1 776 614	2 458.58	193.51	8 811.614
②资金占比/%	17.9	18.9	8.7	16.0	3.4	13.5
③县本级资金/万元	1 789.86	4 380	6 089	3 032.66	4 209.9	19 501.42
③资金占比/%	14.9	37.2	29.7	19.7	74.3	29.8
④援藏资金/万元	250	0	0	0	0	250
④占比/%	2.1	—	—	—	—	0.4
脱贫人口数/人	2 231	5 112	117	7	—	7 467

数据来源：整理自墨竹工卡县扶贫办统计资料。

表 4-18　墨竹工卡县 2016—2020 年贫困县脱贫攻坚整合资金项目投资

年份	项目类别	投资安排/万元					项目受益群众/户	项目受益人口/人	其中	
		总投资	中央与自治区资金	地(市)资金	县本级资金	援藏资金			受益贫困户数/户	受益贫困人口/人
2016	(一)生产发展(含产业项目)类	7 632.51	3 526.18	2 066.47	1 789.86	250	879	3 582	1 033	4 444
	(二)农村基础设施类	2 305.53	2 305.53	0	0	0	661	2 785	661	2 785
	(三)生态保护和建设类	1 854.26	1 854.26	0	0	0	1 607	4 759	1 289	4 759
	(四)培训就业类	88.5	0	88.5	0	0	0	0	0	0
	(五)其他类	131.68	131.68	0	0	0	0	2 785	661	2 785
2017	(一)生产发展(含产业项目)类	9 352.34	2 888.03	2 084.31	4 380		1 230	4 992	1 230	5 268
	(二)农村基础设施类	0	0	0	0	0	0	0	0	0
	(三)生态保护和建设类	1 082.4	1 082.4	0	0	0	1 600	3 608	1 600	3 608
	(四)培训就业类	94.49	94.49	0	0	0	—	—	—	—
	(五)其他类	1 258.27	1 114.64	143.63	0	0	—	—	—	—
2018	(一)生产发展(含产业项目)类	17 326.82	11 362.42	1 436.4	4 528	0	1 544	7 286	697	3 168
	(二)农村基础设施类	409.11	249.11	160	0	—	—	—	—	—
	(三)生态保护和建设类	1 031.6	1 031.6	0	0	0	—	2 980	—	2 980
	(四)培训就业类	0	0	0	0	0	0	0	0	0
	(五)其他类	1 741.214	0	180.214	1 561	—	50	3 389	50	3 389
2019	(一)生产发展(含产业项目)类	9 450.09	4 660.97	2 151.93	2 637.19	0	1 725	7 487	1 725	7 487
	(二)农村基础设施类	4 062.93	3 622.88	44.58	395.47	0	6 857	30 490	1 427	8 332
	(三)生态保护和建设类	1 539.538	1 539.538	0	0	0		7 079		7 079
	(四)培训就业类	—	—	—	—	—	—	—	—	—
	(五)其他类	318.96	56.890	262.07	0			2 785	661	2 785
2020	(一)生产发展(含产业项目)类	2 802.9	0	117.47	2 685.43	0				
	(二)农村基础设施类	1 477.89	0	0	1 477.89	—	1 359	2 370	1 359	2 370
	(三)生态保护和建设类	1 065	1 065	0	0					
	(四)政策保障类	24.19	24.19							
	(五)其他类	294.53	171.91	76.04	46.58					

数据来源：整理自墨竹工卡县扶贫办统计资料。

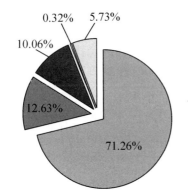

0.32%　5.73%

10.06%

12.63%

71.26%

- 生产发展（含产业项目）类
- 农村基础设施类
- 生态保护和建设类
- 培训就业类
- 其他类

图 4-1　墨竹工卡县扶贫项目占比

　　进一步观察脱贫攻坚投资资金在项目间的拆解，由表 4-19 可以看出，2016—2020 年，墨竹工卡县生产发展（含产业项目）类项目主要围绕高原特色养殖、中药材、油菜种植与加工、合作社建设、机械租赁、集体经济、牧草种植、农业示范园、综合市场等展开。所选择的项目具有极高的地域特色，且注意引导民族手工艺发展，这些投入不仅为农牧户生计的可持续发展奠定了产业基础，同时，也为农牧户"自律性"发展创造了条件。农村基础设施建设类投资重在解决农牧户人畜饮水困难与安全问题，原来 3 122 户 17 613 人的饮水吃水困难在项目完成后饮用水安全率达100%。生态保护与建设类投资主要通过创造公益岗位的方式安置贫困户，仅 2019 年就安排生态岗位 4 655 个。相比之下，培训就业类项目投入较小，主要涉及保安、钢筋工、砌筑工和驾驶培训，受益人口数有限。

表4-19 墨竹工卡县2016—2020年贫困县脱贫攻坚资金项目分解

年份	类型	项目
2016	生产发展（含产业项目）类	扎雪乡牧草种植项目44.34万元；扎雪乡其朗村奶牛养殖基地建设项目269.02万元；门巴乡畜牧发展项目261万元；扎西岗乡其米拉康藏鸡养殖项目490.22万元；尼玛江热乡容多奶牛合作社建设项目708.24万元；尼玛江热乡如夏野生香料加工项目314.81万元；门巴乡德仲藏药材开发建设项目171.73万元；芒热油菜籽加工专业合作社建设项目158.82万元；墨竹工卡直孔白琼粮油加工和农村服务电商开发项目362.59万元；工卡镇格桑花综合广告传媒中心项目189.8万元；尼玛江热乡其玛卡村集体经济建设项目87.8万元；工卡镇扶贫增收建设项目401.27万元；墨竹工卡县扎西罗布嘎其家具合作社建设项目164万元；尼玛江热乡仁娜民族手工艺发展有限公司77.56万元；西藏直孔转发有限公司改扩建项目196.11万元；扎雪乡家具建设项目490.18万元；门巴乡仁多岗村扶贫增收产业193.67万元；朗杰林村小油菜种植项目100万元；扎西岗乡种草项目90万元；直孔噶瑕油菜种植项目44万元；藜米种植推广项目110万元；墨竹工卡县标准化奶牛养殖中心建设项目1 510.791 7万元；墨竹工卡县现代农业示范园项目700万元；墨竹工卡县综合商场建设项目496.563万元
	农村基础设施类	项目管理费15万元；小型农田水利建设750万元；农业支持保护补贴资金356.17万元；农业综合开发存量资金土地治理项目1 000万元；农村综合改革转移支付184.36万元
	生态保护和建设类	生态岗位补助1 597.61万元；生态补偿脱贫转移就业6.76万元；退牧还草经费10万元；草原生态保护补助奖励239.89万元
	培训就业类	建档立卡户培训88万元
	其他类	建档立卡贫困人口易地扶贫搬迁住房补助项目基建支出129.28万元；地质灾害群策补助2.4万元；易地扶贫搬迁2 098.14万元
2017	生产发展（含产业项目）类	朗杰林村小油菜种植项目125万元；扎西岗乡种草项目40万元；直孔噶瑕油菜种植项目150万元；藜米种植推广项目1 522.779 8万元；墨竹工卡县标准化奶牛养殖中心建设项目44万元；斯布牦牛品种保护暨短期育肥建设项目605万元；甲玛乡大型修理厂建设项目184.54万元；尼玛江热乡村集体多种经营经济体建设项目476.54万元；壮大村集体经济建设项目249.15万元；扎雪乡农牧民扶贫便民小市场建设项目144.97万元；墨竹工卡县综合商场建设项目1 623.86万元；墨竹工卡县现代农业示范园项目1 993.810 3万元；唐加乡设施农业建设468.62万元；门巴乡机械租赁248.6万元；门巴乡达珠村暖棚暖圈建设项目435.15万元；墨竹工卡县塔巴砂石厂680.32万元；墨竹工卡县嘎则新区易地搬迁户光伏电站项目360万元
	生态保护和建设类	生态岗位补助1 082.4万元
	培训就业类	农牧民技能培训94.49万元
	其他类	小型农田水利设施445万元；农村公路养护补助17.48万元；洛卓沃龙贷款贴息15.39万元；易地扶贫搬迁贷款贴息404.85万元；地质灾害群测补助2.4万元；净土健康产业政策性补贴143.63万元；其他农林水资金229.52万元

表4-19(续)

年份	类型	项目
2018	生产发展（含产业项目）类	养殖业：唐加乡莫冲村藏地之南养殖专业合作社0.1万元；墨竹工卡县标准化奶牛养殖中心建设项目3 365万元。 加工业：墨竹达次网围栏加工建设项目239.18万元；墨竹小油菜榨油厂建设项目1 561.25万元。 商贸流通：机械租赁项目248.7万元；尼江乡壮大村集体经济补充项目139.8万元；扎雪乡机械租赁项目398.1万元；工卡镇塔巴村强冲组机械租赁项目158.96万元；唐加乡扶贫农机租赁合作社项目678.98万元；墨竹工卡县异地扶贫搬迁（二期）商业用房经营项目3 140.43万元；墨竹工卡县天边之乡、墨竹苑商品房购买项目2 852万元；工卡镇工卡村村集体商品房和洗车场建设项目362.36万元；尼江乡仲达村村集体经济商品房建设项目163.29万元；扎雪乡格老窝商品房建设项目391.13万元；门巴乡仁多岗村综合市场建设项目832.02万元；扎雪乡扶贫物流仓储中心2 637.4万元。 资源开发：扎雪乡扎雪村砖厂购置建设项目148.1万元
	农村基础设施类	扎雪乡格老窝村、扎西岗雪林村粪污治理项目160万元；墨竹工卡县三岩片区多种经营经济体项目249.11万元
	生态保护和建设类	农业资源及生态保护补助（含草奖补助）1 031.6万元
	其他类	驾驶培训21万元；定向补助72.93万元；文创园产业信贷贴息9.234万元；农牧业特色产业扶持资金53万元；技能及就业培训30万元；昌都三岩片区跨市整体易地扶贫搬迁992.05万元；扶贫办展销柜台65万元；农村扶贫地区社会发展建设100万元；精准扶贫贷款利息398万元
2019	生产发展（含产业项目）类	墨竹工卡县扶贫饲料加工厂建设项目519.16万元；墨竹工卡县标准化奶牛养殖中心建设项目2 929.48万元；墨竹小油菜榨油厂建设项目332.6万元；墨竹易地扶贫搬迁增收项目1 902万元；墨竹工卡县塔巴扶贫砂石厂建设项目1 676.19万元；墨竹工卡县综合商场建设项目350万元；县城易地扶贫搬迁集体经济扶贫项目1 557.66万元；墨竹工卡县二岩片区多种经营建设项目183万元
	农村基础设施类	易地扶贫搬迁建设补助资金2 385.00万元；日多乡人饮巩固提升工程336.04万元；扎西岗人饮巩固提升工程146.37万元；尼玛江热乡人饮巩固提升工程106.65万元；门巴乡人饮巩固提升工程106.62万元；甲玛乡龙达村奴如久组提灌站44.14万元；门巴乡波朗村三岔道桥梁工程181.83万元；日多乡拉龙村觉组路面改造工程123.23万元；尼玛江热乡玛热村6组宁多岗桥梁工程122.88万元；甲玛乡赤康村仁青岗小组桥梁工程62.99万元；日多乡怎村哈姆组桥梁工程89.41万元；扎雪乡其朗村路面改造项目357.77万元
	生态保护和建设类	林业系统生态保护岗位415.188万元；农牧系统生态保护岗位198.8万元；水利系统生态保护岗位774万元；农村公路养护员43.4万元；旅游厕所保洁员14.7万元；城镇保洁员和村级环境监督员43.75万元；地质灾害群防群测员10.5万元；三岩片区生态岗位补偿39.2万元
	其他类	易地扶贫搬迁贷款贴162.46万元；第一批建档立卡贫困人口培训78.60万元；扶贫产业贷款贴息77.9万元

表4-19(续)

年份	类型	项目
2020	生产发展(含产业项目)类	日多乡母畜养殖项目70万元;墨竹工卡县标准化奶牛养殖中心建设项目1 178.9万元;甲玛乡扶贫加油站建设项目1 500万元;墨竹工卡县三岩片区配套产业项目54万元
	农村基础设施类	工卡镇、日多乡、门巴乡、扎西岗乡、扎雪乡、甲玛乡农村饮水安全巩固提升工程1 477.89万元
	生态保护和建设类	林业系统生态保护岗位392.7万元;农牧系统生态保护岗位220.5万元;水利系统生态保护岗位74.9万元;农村公路养护员36.4万元;旅游厕所保洁员2.1万元;城镇保洁员和村级环境监督员96.95万元;地质灾害群防群测员5.95万元;三岩搬迁群众初核生态岗位47.6万元;生态岗位饱和资金187.9万元
	政策保障类	钢筋工、砌筑工等建筑工种培训项目15万元;保安培训9万元
	其他类	易地扶贫搬迁贷款贴息资金123.23万元;产业项目贴息171.3万元

数据来源:整理自墨竹工卡县扶贫办统计资料。

 综合上述相关资料,显然,墨竹工卡县在"十三五"期间借助脱贫攻坚为当地打下了比较扎实的发展基础,尤其是建立了为数不少的产业项目,而生态环境保护与建设把大量贫困农牧民转化为公益岗位工作人员,也使得工资性收入越来越成为农牧户的重要收入来源。但是,"自律性"发展基础与"自律性"发展能力是两个内涵有别的概念。那么,通过过去五年努力,墨竹工卡县农牧户是否已经具备"自律性"发展能力,其生计是否具有可持续性呢?笔者主要在墨竹工卡县门巴乡这一以牧业为主的区域进行考察。门巴乡位于县境东北部,当地主要牧养牦牛、绵羊、山羊,种植青稞、小麦、油菜。从笔者在门巴乡回收的72份有效调查问卷来看,结果如表4-20所示,不达标指标共计514个、占总数39.7%,其中,财政自给率不达标发生率最高(100%),农业机械拥有量(84.7%)、组织与协调潜能(81.9%)、职业技能培训(76.4%)、受教育年限(63.9%)、旅游业占比(56.9%)、技术指导频次(51.4%)、居住地与最近乡镇距离(36.1%)次之,不达标指标加权分数为0.378,介于1/3与1/2之间,属于具有弱"自律性"发展能力的情况。考虑不达标指标对"自律性"发展能力的影响程度,影响率最高的是旅游业收入占比(15.1%)和财政自给率(13.2%),次之的是农机拥有量(11.2%),行动自主性方面影响率最高的四个指标分别是组织与协调能力(9.5%)、职业技能培训(8.9%)、受教育年限(7.4%)和接受技术指导频次(6.0%),详见表4-21。

表 4-20　门巴乡不达标指标分布情况

维度	三级指标	四级指标	不达标指标份数/份	占比/%
资源独立性	自然资源	人均耕（牧）地面积	2	2.8
		居住地与最近乡镇中心的距离	26	36.1
	物质资本	农业机械拥有量	61	84.7
		车辆拥有量	22	30.6
	金融资本	储蓄存款余额	4	5.6
		财政自给率	72	100.0
文化自觉性	地域文化认同	地理标志商标注册量	0	0
	传统手工艺挖掘	传统手工艺品对家庭收入的影响	20	27.8
	旅游资源开发	旅游业收入占家庭收入比重	41	56.9
行动自主性	学习能力	受教育年限	46	63.9
		职业技能培训	55	76.4
		接受技术指导频次	37	51.4
	合作与管理潜力	是否参与合作社	3	4.2
		是否在生产生活中发挥组织、协调作用	59	81.9
		收益分配是否合理	3	4.2
	经营能力	产品加工及附加值	25	34.7
		品牌知名度	21	29.2
		销售渠道稳定性	17	23.6

表 4-21　门巴乡各维度指标对"自律性"发展能力的影响率　　单位:%

样本区	文化自觉性	资源独立性		行动自主性(最高 3 个指标)			
	旅游收入占比	财政自给率	农机拥有量	居住地与最近乡镇距离	受教育年限	组织与协调能力	职业技能培训	接受技术指导频次
门巴乡	15.1	13.2	11.2	8.8	7.4	9.5	8.9	6.0

由测评结果来看，相对于四川藏族聚居区，门巴乡文化及传统工艺正切切实实地成为当地人口的生计手段，以直孔热色藏药香合作社、圣世民族手工业专业合作社等代表的一批农民专业合作社，把藏式家具、羊毛卡垫、藏式服装、藏药香、牦牛肉、牦牛奶、糌粑、藏式手工艺品转化为可加工与销售的商品，且具有比较稳定的市场销售渠道。由于大量的生态岗位和合作社较好地解决了当地就业问题，门巴乡农牧户对旅游业的依赖性较弱，这使得"旅游业收入占家庭收入比重"指标中不达标情况较为普遍。就资源独立性方面来看，门巴乡财政支出几乎处于完全依靠上级拨款的状态，这也从侧面反映出来，当地市场主体发育还比较薄弱；且由于地域广阔、农牧户居住较分散，大概 1/3 的受访户离最近乡镇中心的距离超过 15 千米，部分农牧户还是存在出行不便的问题。从反映农牧户个体发展的能力即行动自主性指标来看，产品经营方面总体上还不错，不少产品在本地也具有一定的口碑，这也在一定程度上说明了脱贫攻坚战在产业发展上的投入初见成效，相比较而言，学习能力上的不足对"自律性"发展的影响更为突出，这反映在指标上主要表现为接受技术指导频次和职业技能培训以及受教育年限的不达标情况较为普遍，而且，从发展趋势来看，虽然西藏是全国第一个实行 15 年制全免费义务教育的地区，从小学到高中学费、书杂费以及住宿费、餐食费全免政策，还有考上大学路费、学杂费、生活费全包，也没有明显提高农牧户对教育投资的积极性，笔者在样本农牧户中也未观测到家庭随收入增长而增加教育性投入的现象。

综上所述，门巴乡的产业项目及生态岗位在不离乡、不离土的情况下较好地解决了农牧户的生计问题，它们对培育当地农牧户的"自律性"发展能力无疑起到了积极作用。但是，就"自律性"发展能力而言，它既是生计稳定的基础，也是生计可持续发展的根本。尽管门巴乡"自律性"发展综合测评显示已经具备基础，但是笔者在分析农牧户收入构成和考察公共服务覆盖时，发现当地实际上的"自律性"发展仍面临不少问题：

其一，贫困农牧户对生态岗位收入的依赖性较强。农牧户尤其是脱贫户，基本上每户都有成员在生态岗位上获取工资性收入，少则一人，多则三人以上，如次央一家来自生态岗位的收入共 16 000 元（专职护林员 7 000 元、兼职护林员 6 000 元、兼职草场监督员 3 000 元），生态岗位收入占家庭收入的比重达到 70% 左右。不可否认，生态岗位对于灾害多发、生态脆弱的青藏高原具有特殊意义，但是，生态岗位数量之多也引起了笔者的关注，它是否已经超过实际所需？若呈饱和状态，那么，来自生态岗位的工资性收入是否具有长期性、是否会掩盖农牧户"自律性"发展的风险？

其二，转移性收入占农牧户家庭收入的比重较高。从受访农户来看，门巴乡农牧户收入中很大一部分属于转移性收入，通过整理72户农户调研数据，笔者发现高达82%的家庭收入来自政府发放的补助，尤其是脱贫户，家庭收入中来自转移性收入的比重更高。转移性收入包括低保、五保、残疾人补贴、寿星老人、幸福养老金（夕阳红）、一孩双女、养老保险、草补、粮食直补、成品油补贴、牲畜补贴、大学生学杂费与生活费、产业分红等，由于各农牧户情况有别，每户得到的转移性收入高低不等，但是，总体上看，脱贫户家庭收入普遍具有生态岗位工资与转移性收入双高特征。以门巴乡辖下的巴日卡村为例，笔者调研涉及的18户脱贫户，平均工资性收入占家庭总收入的45.6%、转移性收入占家庭总收入的35.4%，可以说，生态岗位和转移性收入解释了贫困农牧户收入增长的50%以上，若政策发生调整，那么，这部分农牧户收入难免受到影响。

其三，基础设施与公共服务供给不均衡。墨竹工卡县平均海拔在4 000米以上，虽然易地扶贫搬迁工程让居住在高寒、高山地区的农牧户转移到了条件较好的地方，而从县城到日多乡、扎雪乡、门巴乡、甲玛乡等客运线路的开通，也增强了基本公共服务的可及性，但是，总体上说，农牧区人口分布稀疏给公共服务供给造成了极大的困难，生活上就医、出行不便仍有待解决，如在出行满意度上，仍有17户受访家庭觉得不大满意。

其四，部分寺庙社区存在公共服务供给不足与贫困化现象。墨竹工卡县属于全民信教区域，辖区范围内寺庙多，而不少寺庙地处偏远，寺庙周边的农牧户也少。因此，从公共服务供给来看，很多寺庙社区存在供给不充分的问题，而且，比较特殊的是，随着市场经济意识的增强，农牧户在宗教消费上比过去趋于理性化，再加上地处偏远，不少寺庙也出现了贫困化现象，而脱贫攻坚工作主要在于解决农牧户贫困问题，对于寺庙僧人群体的贫困，虽也有帮扶措施如拨款加固寺庙建筑物等，但投入较为有限，如何对待此类寺庙社区的贫困化，也将是当地发展需要解决的问题。

其五，农牧户经营性收入有限且来源单一。随着经济发展，藏族聚居区农牧民收入来源越来越多元化，但是，相对于其他地区而言，像门巴乡这样的牧区，农牧业经营性收入依然是当地传统的收入来源。从门巴乡农牧户收入统计来看，经营性收入占家庭收入的比重总体偏低，特别是脱贫户，经营性收入占家庭收入的比重在25%左右，以补扶持、以教扶持、以保扶持、以助扶持和农牧业补贴带来的收入占比为75%左右。而且，收入来源比较单一，相当一部分农户主要依靠挖虫草来获得收入。每年5—6月，为确保虫草采集期间的安全，县公安局、乡（镇）、县直相关单位纷纷派出工作人员协助维持秩序。

最后，还有必要强调的是，上述对墨竹工卡县"自律性"发展能力的分析，仅仅是西藏自治区"自律性"发展的一个侧面反映，它并不能替代西藏全域。事实上，整个西藏自治区的"自律性"发展能力可能低于墨竹工卡县，毕竟，墨竹工卡县的经济发展在西藏乃至拉萨市都属于比较靠前的第一梯队，因此，对于那些比墨竹工卡县发展滞后的地区而言，测评分数可能更低。

（三）小结

1. 藏族聚居区总体上已具有一定的"自律性"发展能力

通过对四川阿坝州理县、甘孜州康定市、甘孜州道孚县以及西藏墨竹工卡县的考察与测评，我们发现，总体上说，无论是四川藏族聚居区还是西藏藏族聚居区，精准扶贫都为当地的基础设施建设、公共服务供给、产业发展起到了很好的推动作用，这为藏族聚居区走上"自律性"发展道路奠定了扎实的基础。测评结果也显示，四川藏族聚居区与西藏藏族聚居区都具有一定的"自律性"发展能力，但是，不同地域"自律性"发展能力水平与约束存在差异，如表4-22所示，不达标指标综合得分中，理县上孟乡为0.492、理县朴头乡为0.301、甘孜州康定市雅拉乡为0.416、甘孜州道孚县玉科镇为0.432、拉萨墨竹工卡县门巴乡为0.410。其中，"自律性"发展能力最强的是理县朴头乡和墨竹工卡县，大致属于"中等"水平概念，本书将其归为"一类区域"；康定市雅拉乡与道孚县玉科镇次之，属"低"水平概念，算"二类区域"；最弱的是上孟乡，"自律性"能力水平属于"弱"的范畴，可归于"三类区域"。产业发展方面，四川藏族聚居区发展更突出旅游业的带动，"生态旅游""全域旅游"的推开为其解决了交通、通信等建设不足问题，藏族聚居区通达性的提高为"自律性"发展提供了条件；相对来说，西藏墨竹工卡县脱贫攻坚行动更强调高原特色农牧业发展与民族工艺加工、销售，且特色产业发展已经具备一定的基础，但从调研情况来看，农牧户脱贫在较大程度上依靠生态岗位的提供。

表 4-22　样本地区不达标指标测评结果

	理县上孟乡	理县朴头乡	康定市雅拉乡	道孚县玉科镇	墨竹工卡县门巴乡
不达标指标加权分数	0.492	0.301	0.416	0.432	0.410

2. 不同藏族聚居区"自律性"发展能力强弱与障碍有别

从"自律性"发展能力强弱及不同维度的表现来看，如图 4-2 所示，除了康定市雅拉乡，其他样本区的共同特征是文化自觉性方面总体强于资源独立性、行动自主性。这一方面反映出近年来藏族聚居区民族文化与旅游业得到了较好的融合发展，且这种融合在一定程度上转化为藏族聚居区农牧户可直观感受到的家庭收入；另一方面，资源独立性与行动自主性方面较弱也表明，藏族聚居区精准扶贫工作在区域公共性基础设施建设和产业发展上有明显进步，但是，这些尚未完全转化为家庭层面的资产以及农牧户参与市场经济的能力，这反映在发展测评中当地产品包装、加工与辐射能力、市场销售渠道开拓不达标情况较为普遍，尤其是具有区域特色和一定竞争优势的产品难以真正大规模走向市场，而进一步分析，又主要与农民专业合作社边发展边规范或先发展后规范的诸多表现具有极强的联系，其中，最为突出的是，中介组织、营销协会等发展滞后。

至于样本区"自律性"发展能力的阻碍因素，既有一定共性又有所差异。如表 4-23 所示，理县上孟乡在资源独立性、文化自觉性和行动自主性三个维度上，不达标加权分数分别为 0.169、0.014、0.183，据此，上孟乡"自律性"发展的主要约束来自行动自主性，从影响率来看，物质资本（18.40%）、经营能力（14.90%）、学习能力（14.10%）最高。这意味着今后需要通过增加农机具与交通车辆投入，并强化农牧户素质与技能培训来增强其"自律性"发展能力。朴头乡不达标指标在资源独立性、文化自觉性和行动自主性三个维度上的加权分数分别是 0.1、0.073、0.129，相对于上孟乡来说，文化自觉性方面较弱，但在行动自主性和资源独立性方面表现较好，进一步看影响率，朴头乡"自律性"发展面临的约束主要来自金融资本（17.06%）、传统手工艺挖掘（14.69%）和经营能力（15.35%）的不足，为此，今后有必要增强民族文化市场价值的挖掘和品牌的打造。总体上说，上孟乡与朴头乡"自律性"发展能力差距的诱发因素，或许在于地理区位不同导致旅游业收入与扶贫产业市场化程度有别,而随着基础设施建设工程的完成,即便是地处偏远的上孟乡,也将逐步走向对市场的适应过程。

甘孜州辖下的康定市雅拉乡与道孚县玉科镇不达标指标加权分数分别为0.416、0.432,总体上相差不大,但雅拉乡的"自律性"发展能力相对较好。其中,雅拉乡在资源独立性、文化自觉性和行动自主性三个维度上的不达标加权分数分别为0.118、0.159、0.138,由此,雅拉乡"自律性"发展的阻碍关键在于文化自觉性、行动自主性能力比较薄弱,从影响率来看,欠缺地理标志保护商标和有限的市场开拓能力是今后需要着力解决的重点。而玉科镇作为比较纯粹的牧业区,距离经济中心较远,虽然脱贫攻坚开展以来发展迅速,但其"自律性"发展能力稍逊于雅拉乡,不达标指标加权分数为0.432。其中,玉科镇行动自主性、资源独立性维度弱于雅拉乡,但当地民族文化氛围浓厚,农牧户生计与传统工艺、文化的联系较为紧密,因此,文化自觉性比雅拉乡稍强。进一步观测不发达指标影响率,影响比较显著的前三个指标是旅游资源开发(20.60%)、经营能力(16.88%)和金融资本(13.77%),其寓意在于:怎样进一步推动地处偏远的玉科镇旅游业发展以及帮扶农牧户尽快适应市场、开拓市场,是提高当地"自律性"发展能力的两大努力方向。

墨竹工卡县的产业发展总体上已有比较稳定的基础,其不达标指标加权分数为0.378,资源独立性、文化自觉性和行动自主性三个维度的不达标加权分数分别为0.13、0.085、0.163,因此,墨竹工卡县"自律性"发展的主要约束来自行动自主性和资源独立性,从影响率来看,学习能力(22.31%)、旅游资源开发(15.06%)、物质资本(15.25%)最高。这反映出墨竹工卡县农牧区通达性和当地人口综合素质依然是发展短板,今后需要通过提高农牧业生产效率和区域可进入性,以及强化农牧民知识与技能培训等来增强当地的"自律性"发展能力。

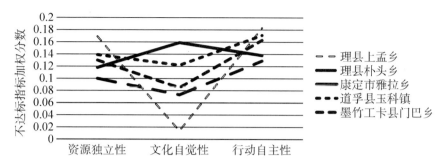

图4-2 样本区不达标指标加权分数对比

图例：
- - - 理县上孟乡
—— 理县朴头乡
—— 康定市雅拉乡
···· 道孚县玉科镇
- - 墨竹工卡县门巴乡

表4-23 不同区域不达标指标测评结果

样本区	维度	不达标指标加权分数	三级指标	不达标指标加权分数	影响率/%
理县上孟乡	资源独立性	0.169	自然资源	0.025	5.10
			物质资本	0.091	18.40
			金融资本	0.053	10.70
	文化自觉性	0.014	地域文化认同	0	0
			传统手工艺挖掘	0.008	1.60
			旅游资源开发	0.006	1.30
	行动自主性	0.183	学习能力	0.069	14.10
			合作与管理潜力	0.041	8.30
			经营能力	0.073	14.90
理县朴头乡	资源独立性	0.1	自然资源	0.013	4.26
			物质资本	0.036	11.85
			金融资本	0.051	17.06
	文化自觉性	0.073	地域文化认同	0.000	0
			传统手工艺挖掘	0.044	14.69
			旅游资源开发	0.029	9.48
	行动自主性	0.129	学习能力	0.043	14.39
			合作与管理潜力	0.039	12.93
			经营能力	0.046	15.35

表4-23(续)

样本区	维度	不达标指标加权分数	三级指标	不达标指标加权分数	影响率/%
康定市雅拉乡	资源独立性	0.118	自然资源	0.017	4.11
			物质资本	0.047	11.38
			金融资本	0.054	12.97
	文化自觉性	0.159	地域文化认同	0.100	24.03
			传统手工艺挖掘	0.041	9.80
			旅游资源开发	0.018	4.43
	行动自主性	0.138	学习能力	0.041	9.88
			合作与管理潜力	0.041	9.88
			经营能力	0.056	13.52
道孚县玉科镇	资源独立性	0.139	自然资源	0.021	4.86
			物质资本	0.058	13.43
			金融资本	0.060	13.77
	文化自觉性	0.122	地域文化认同	0.000	0
			传统手工艺挖掘	0.033	7.64
			旅游资源开发	0.089	20.60
	行动自主性	0.171	学习能力	0.056	13.04
			合作与管理潜力	0.042	9.78
			经营能力	0.073	16.88
墨竹工卡县门巴乡	资源独立性	0.13	自然资源	0.019	5.14
			物质资本	0.058	15.25
			金融资本	0.053	13.96
	文化自觉性	0.085	地域文化认同	0.000	0
			传统手工艺挖掘	0.028	7.35
			旅游资源开发	0.057	15.06
	行动自主性	0.163	学习能力	0.084	22.31
			合作与管理潜力	0.040	10.51
			经营能力	0.039	10.42

3. 特殊因素对藏族聚居区"自律性"发展具有重要影响

"自律性"发展能力是资源独立性、文化自觉性和行动自主性的综合体现,"自律性"发展本身包含着发展的可持续性和抗冲击性。尽管笔者尽可能选取了不同指标反映藏族聚居区"自律性"发展能力形成的复杂性，但是，藏族聚居区的多样化与诸多特殊因素无法反映在测评指标上，而这些特殊因素，从实践来看对藏族聚居区"自律性"发展却具有重要影响。根据笔者调研所得，下述几个方面的特殊情况或对藏族聚居区"自律性"发展能力存在负向影响。

（1）寺庙社区的贫困问题尚未得到有效解决。

无论是四川藏族聚居区还是西藏藏族聚居区，寺庙僧侣数量都颇为可观。根据统计，四川省阿坝州佛教寺庙共有258座、住寺僧尼约1.6万人，甘孜州寺庙525座、住寺僧尼约5.5万人、僧尼占全州总人口的5%左右；西藏自治区共有寺庙1 765座、住寺僧尼约4.6万人①。从调研情况看，尽管近年来政府也投入了不少资源用于寺庙社区的危房维修、"五通"建设和贫困人员救助，但总体而言，随着宗教世俗化、僧侣还俗、僧尼老年化趋势的加速，政府提供的多重生活保障虽有助于缓解部分僧尼的生计难题，然而覆盖面有限、部分寺庙社区的贫困现象依然比较突出，其贫困发生率甚至高于一般水平，这通过表4-24、表4-25的甘孜州农村低保与城乡医疗救助情况可得以一窥，毕竟，纳入农村低保僧尼占低保总人数比重的8.1%、僧尼低保支出占全部低保支出比重的5.6%、寺庙僧尼医疗救助支出占直接救助支出比重的9.7%，均高于甘孜州僧尼占总人口比重的5%。笔者的调查问卷并未覆盖寺庙僧尼，因此，测评中并无该人群的数据，倘若考虑其影响，藏族聚居区"自律性"发展的测评结果可能减弱。而且，笔者观察到，近年来寺庙社区贫困发生具有比较显著的区位、性别、年龄特征，大体上说，地处偏远寺庙的僧尼、老年僧尼、残障僧尼群体更容易陷入贫困，尤其是残障未成年僧人和僧人还俗者增多导致年老僧人无人赡养的问题日益突出，而对于这部分人群，可供选择的贫困干预措施较为有限，目前多限于寺庙设施建设与维护、社保兜底，一般的经济性政策、产业发展难以撬动，这也将是藏族聚居区脱贫后促进内生性发展的挑战之一。

---

① 参见国家宗教事务局：http://www.sara.gov.cn/zjhdcsjbxx/index.jhtml，2021年2月24日。

表 4-24 2019 年甘孜州农村低保

保障户数/户	保障人数/人		累计支出/万元	
合计	合计	其中：寺庙僧尼	合计	其中：寺庙僧尼
54 335	158 294	12 841	36 610.42	2 037.38

数据来源：《甘孜州统计年鉴（2020）》。

表 4-25 2018 年甘孜州城乡医疗救助

直接救助人次/人	累计救助寺庙僧尼人数/人	民政部门资助参保人数/人	直接救助支出/万元	累计救助寺庙僧尼支出/万元	民政部门资助参保支出/万元
4 625	408	132 614	996.564	96.943 3	1 016.404

数据来源：《甘孜州统计年鉴（2019）》。

（2）习惯法、陈规陋习等影响脱贫攻坚成效。

传统习俗、习惯法等作为长期社会生活实践形成的规则，虽然在特定地域情境中具有确定权利义务、明确利益归属及化解利益冲突等方面的价值，但随着藏族聚居区社会变迁，部分传统习俗、纠纷与利益协调机制已经不能适应时代需要。就巩固脱贫攻坚成果与推动"自律性"发展而言，藏族聚居区的部分传统观念与矛盾协调习惯需要适时调整。一者，"禁杀生"观念与"惜杀惜售"行为直接影响农牧产品商品化，如青海省玉树州2019 年年末牲畜出栏率仅为 28.7%、出售率为 20.34%，远低于正常水平。牛羊出栏率低不仅使得贫困治理难以跳出"政府为牧民养老，牧民为牦牛养老"的困局，更关键的是，在退牧还草、饲料补助等一系草原生态保护补助奖励机制及农村社保建立后，农牧户生计上减少了对牲畜出栏的依赖，"惜杀惜售"在部分地区甚至有所强化，一些农牧民畏于舆论压力，选择牦牛摔伤等借口或趁天黑偷偷卖牦牛的方式将牦牛出售变现，但通常在此类方式下牦牛售价被商贩压得很低，牧民很吃亏，此种种直接导致农牧户资源转化能力不足，从而使得藏族聚居区发展长期"内应力"不足，也无法实现资源供给上的"独立性"。而且，从自然资源的可持续性来看，"惜杀惜售"习惯也存在诸多负面影响：一方面，牛羊未出栏导致牧区草场超载；另一方面，"禁杀生"也让草地"灭鼠"工作开展困难，"鼠患"

进一步造成草场退化，侵及牧民生计基础。二者，藏族聚居区矛盾协调与解决习惯可能引发贫困。以地缘、血缘、族群、宗教等联结形成的内聚力一直是维系藏族聚居区守望相助的纽带，但矛盾处理过程中也容易使得个体纠纷转变为群体矛盾，特别是发生婚姻、草场等纠纷时，传统的家族、村庄聚集应对谈判的方式极易演变成群体对峙的激烈冲突，轻者伤财物，重者伤人，即便冲突最终得以协调，不菲的赔命价、赔血价等也可以把原本富余的家庭拖入贫困陷阱。由于历史遗留的资源权属界定争议多、持续时间长，藏族聚居区因为草场等资源发生的群体性事件时有发生。

（3）收入来源与结构单一不利于"自律性"发展。

如前所述，借助脱贫攻坚战略带来的井喷式基础设施建设成立工程劳务队或以生态、公益岗位解决农牧户就业是近年来藏族聚居区脱贫的一个普遍做法。在这些政策带动下，藏族聚居区农户们工资性收入得以快速增长，但是，从调研情况来看，随着扶贫攻坚战略收官，藏族聚居区本土化基础设施建设工程将陆续进入收尾阶段。数据表明：甘孜州 2020 年基础设施投资下降了 10.4%①，工程量的缩减或将波及工程劳务队相关人员工资性收入；西藏以生态岗位解决农牧民就业也呈饱和状，可供选择的空间越来越小。而且，从收入结构看，笔者随机抽取西藏墨竹工卡县 50 户受访家庭，统计其收入构成，正如表 4-26 所示，不少脱贫户收入高度依赖转移性收入，而转移性收入通常具有时效性，一旦国家进行政策调整，那么，不少脱贫家庭可能面临收入锐减的冲击。至于虫草产区农牧民的收入构成，其收入来源的单一性更甚于其他地方。

---

① 数据引自：甘孜州统计信息网（http://tjj.gzz.gov.cn/gzztjj/tjfx/202101/fda972e5c6d746379455aa637c35d23d.shtml，2021 年 2 月 25 日）。

表 4-26 墨竹工卡县部分农牧户家庭收入明细

单位：元

| 序号 | 工资性收入 | | | 转移性收入 | | | | | | | | 经营性收入 | 收入总计 | 家庭人均收入 |
	外出务工收入	其他工资收入（生态岗位）	工资性收入合计	以教扶持 以教扶持合计	以保扶持 以保扶持合计	以助扶持 医疗救助	其他 卫生 一孩双女	其他 农牧 粮食直补、草场补贴合计	其他 发改 食用盐补贴	其他 民政 残疾救助金	转移性收入合计	经营性收入合计		
1	—	10 000	10 000	3 000	4 884	—	—	282	—	—	8 166	4 500	22 666	5 479
2	—	37 800	37 800	—	—	—	—	116	—	—	116	1 750	39 666	12 563.7
3	—	6 000	6 000	—	1 944	—	—	330	—	600	2 874	1 100	9 976	4 988
4	—	3 000	3 000	—	—	—	—	71.6	—	—	71.6	600	3 671.6	3 671.6
5	—	10 000	10 000	—	2 940	—	—	—	—	600	3 545	600	14 145	7 072.5
6	—	9 000	9 000	7 467	11 112	—	—	267	—	—	18 846	600	28 446	5 689.2
7	5 000	3 000	8 000	—	3 912	—	—	75	—	1 800	5 787	1 950	15 737	4 934
8	1 950	6 000	7 950	—	2 916	—	—	224	—	—	3 140	500	11 590	5 570
9	3 000	7 000	10 000	—	2 916	—	—	265	—	—	3 181	4 500	18 281	5 188
10	—	3 000	3 000	—	1 944	—	—	203	—	—	2 147	3 600	8 747	3 973.5
11	—	6 000	6 000	—	7 512	—	1 920	665	—	1 800	11 897	408	18 305	6 101.6
12	20 000	3 000	23 000	9 732	—	—	—	822	—	—	10 554	11 500	45 054	3 658.6
13	—	6 000	6 000	6 000	3 916	—	—	509	—	—	10 425	8 208	24 633	4 067.1
14	—	7 000	7 000	—	1 488	—	—	226	—	—	1 714	—	8 714	8 714
15	25 000	3 000	28 000	—	5 100	—	—	397.78	—	—	5 497.78	8 225	41 723	5 771.47
16	25 000	3 000	28 000	—	—	—	—	876	—	—	876	7 300	36 176	5 063.7

表4-26（续）

| 序号 | 工资性收入 | | | 转移性收入 | | | | | | | | 经营性收入 | 收入总计 | 家庭人均收入 |
	外出务工收入	其他工资收入（生态岗位）	工资性收入合计	以教扶持 以教扶持合计	以保扶持 以保扶持合计	以助扶持 医疗救助	卫生 一孩双女	其他 粮食直补、草场补贴合计	发改 食用盐补贴	民政 残疾救助金	转移性收入合计	经营性收入合计		
17	8 000	6 000	14 000	—	—	—	—	390.7	—	—	390.7	2 150	16 541	5 455.2
18	2 000	9 000	11 000	—	8 460	—	—	1 158.4	—	—	9 618.4	10 000	30 618	4 911.4
19	—	7 000	7 000	—	1 968	—	—	314.36	—	600	2 882.36	—	9 882.4	9 882.36
20	13 000	6 000	19 000	—	—	—	—	521.9	—	—	521.9	2 408	21 930	5 682.5
21	6 000	6 000	12 000	—	—	—	—	452	—	1 200	1 652	2 908	16 560	3 902.5
22	2 000	6 000	8 000	—	3 912	—	—	446.7	—	—	4 358.7	2 000	14 359	4 719.5
23	800	6 000	6 800	8 250	2 660	—	—	256	—	—	11 166	408	18 374	9 187
24	—	3 000	3 000	—	1 968	—	—	220	—	—	2 188	1 500	6 688	6 538
25	6 900	3 000	9 900	—	1 944	—	—	294.7	—	—	2 238.7	1 908	14 047	4 682.23
26	4 800	6 000	10 800	—	—	—	—	296	—	—	296	2 000	13 096	6 448
27	4 200	6 000	10 200	—	—	—	—	849.1	—	—	849.1	3 908	14 957	3 426.78
28	—	6 000	6 000	—	—	—	—	—	—	—	428.4	11 533	17 961	5 587.13
29	300	6 000	6 300	—	—	—	—	2 994	—	—	2 994	3 000	12 761	6 380.5
30	2 000	6 000	8 000	—	—	—	—	3 042	—	1 800	4 842	900	13 742	6 826
31	—	15 600	15 600	—	—	—	—	1 962	—	—	1 962	246	17 808	5 936
32	2 000	6 000	8 000	—	—	—	—	2 637	—	—	2 637	7 092	17 729	4 167.25
33	9 000	8 400	17 400	—	—	—	—	3 026	—	—	3 026	934	21 360	5 340

表4-26（续）

序号	工资性收入			转移性收入								经营性收入	收入总计	家庭人均收入
	外出务工收入	其他工资收入（生态岗位）	工资性收入合计	以教扶持 以教扶持合计	以保扶持 以保扶持合计	以助扶持 医疗救助	卫生 一孩双女	其他 农牧粮食直补、草场补贴合计	发改 食用盐补贴	民政 残疾救助金	转移性收入合计	经营性收入合计		
34	—	3 000	3 000	—	—	—	—	—	—	—	—	7 246	10 246	5 123
35	10 000	9 000	19 000	—	—	—	—	5 595	—	—	5 595	2 717	27 312	5 351.4
36	5 000	9 000	14 000	—	—	—	—	4 872	—	—	4 872	5 934	24 806	5 926.9
37	500	6 000	6 500	—	—	—	—	1 962	—	—	1 962	1 746	10 208	4 904
38	14 400	3 000	17 400	—	—	—	—	3 636	—	—	3 636	493	21 529	5 382
39	—	18 000	18 000	—	—	960	—	4 117.6	—	—	4 117.6	1 992	24 110	5 864.9
40	—	3 000	3 000	—	—	—	—	7 864	—	—	7 864	10 121.5	10 122	4 808.8
41	6 000	9 000	15 000	—	—	—	—	4 722	—	—	4 722	12 400	32 122	4 897
42	2 000	6 000	8 000	—	—	—	—	3 234.48	—	600	3 834.48	8 450	20 284	4 859.87
43	4 900	6 000	10 900	—	—	—	—	4 704.5	—	—	4 704.5	4 400	20 005	4 918.62
44	16 000	6 000	22 000	—	—	—	—	3 597	—	—	3 597	8 300	33 897	3 683
45	30 000	3 000	33 000	—	—	—	—	1 223.2	—	—	1 223.2	7 875	42 098	4 131.07
46	10 000	6 000	16 000	—	—	—	—	797	—	—	797	14 100	30 897	4 263.8
47	12 000	13 000	25 000	—	—	—	—	273	—	—	273	3 850	29 123	7 149.5
48	21 000	6 000	27 000	—	—	—	—	409	—	—	409	12 200	39 609	4 338.7
49	33 000	3 000	36 000	—	—	—	—	—	—	—	169.5	8 500	44 670	7 303.25
50	20 000	3 000	23 000	—	—	—	—	384	—	—	384	3 200	26 584	4 377.33

此外，农牧户收入增长固然反映了脱贫攻坚成果，但收入增长并不等同于具备"自律性"发展能力，毕竟收入只有向储蓄、投资等转化方具有支持发展的功能，相对于家庭收入概念，家庭收支对比更能反映藏族聚居区农牧户发展的自有资金状况。而根据统计数据，藏族聚居区农村家庭收不抵支的情况依然存在，如 2019 年甘孜州辖下的康定市、泸定县、丹巴县、巴塘县、稻城县农村人均可支配收入低于人均消费支出，且恩格尔系数总体偏高（全州 53.92%），又以石渠县、得荣县和白玉县为著，而同期全国恩格尔系数为 28.2%，详见表 4-27。从近年来藏族聚居区农牧民生活改善过程来看，也表现出显著的结构不平衡。根据中国藏学研究中心 2019 年调查，拉萨市农牧区 47.92% 的受访者表示家庭年收入增加，但 65.23% 的受访家庭表示总消费增加、76.24% 的受访家庭表示货币支出增加。据此可反映出，藏族聚居区虽具有一定的"自律性"发展基础，但是，农牧户的这种"自律性"发展能力还非常薄弱，收入向资产转变还有一定难度。

表 4-27　2019 年甘孜州及各县农村居民收支对比及恩格尔系数

	农村居民人均可支配收入/元·人⁻¹	农村居民人均支出/元·人⁻¹	恩格尔系数/%
甘孜州	12 808	12 536	53.92
康定市	14 773	16 479	51.01
泸定县	13 561	23 318	45.24
丹巴县	14 513	16 671	50.14
九龙县	15 414	12 815	47.32
雅江县	12 626	9 871	46.35
道孚县	12 069	10 377	52.68
炉霍县	11 727	9 857	55.84
甘孜县	12 461	12 329	51.37
新龙县	12 077	11 902	55.65
德格县	11 965	10 318	55.15
白玉县	12 623	9 977	59.35
石渠县	11 810	10 309	62.18
色达县	11 886	11 569	56.20
理塘县	11 918	8 244	59.59
巴塘县	12 519	13 764	54.53

表4-27(续)

	农村居民人均可支配 收入/元·人$^{-1}$	农村居民人均 支出/元·人$^{-1}$	恩格尔系数 /%
乡城县	12 414	11 839	53.24
稻城县	13 172	13 205	55.95
得荣县	12 253	10 210	60.45

数据来源:《甘孜州统计年鉴(2020)》。

(4)多重脆弱性叠加冲击区域"自律性"发展。

"发展"作为动态性过程,它总是基于一定"基础条件"的创新与提升。藏族聚居区的"自律性"发展,本质上也是对区域现有基础条件的创新性应用与拓展。可以说,小到农牧户的生计维持,大到区域赶超与跨越,发展都是自然、人力、金融、物质、社会资本共同抗逆的结果。若各方面综合作用形成的抗逆力不足,发展将是脆弱的。据此分析藏族聚居区乃至农牧户个体的抗逆力,结果并不十分理想,从某种意义上说,藏族聚居区是多重脆弱性叠加的区域,某些方面的脆弱性甚至直接冲击区域发展。

第一,从自然地理环境来看,藏族聚居区虽有"圣境"美誉,境内旅游资源、生物资源、水电与矿藏资源堪称"富裕",但其资源的可及性较差,对农户生计改善与区域发展的影响比较有限。不仅大大小小的自然保护区直接限制了周边农户进入保护区采集林下产品和中药材,而且生物保护与禁枪规定也令农户频繁因为野猪等毁坏农作物承受损失却不得补偿。至于水电与矿藏资源,其开发虽在一定程度上解决了部分人员的就业问题、提高了部分家庭的收入,但是粗放式的资源开采也导致当地生态环境受损,采矿造成的泥石流、山体滑坡等自然灾害时有发生。而尚未开采的资源,又多处于山高、地远、缺氧、缺电之地,勘探与开采难度大、可及性差。就连广袤的草场资源,近年来随着产业政策的推广,藏族聚居区特色种养业的发展规模快速扩大,这对耕地与草场的可持续性发展带来了新的挑战,即便近年来政府强调草畜平衡、有意识地控制牲畜规模,但过度放牧与鼠患等导致草地"三化"还是比较严重的。据调查,甘孜州夏季草场超载率在30%左右,冬春草场超载率甚至达50%左右,草场超载使70%以上家庭牲畜数量减少。至于人口密集度较高的农区,由于藏族聚居区自然环境特殊,人口承载力低于其他区域,当地可用于农户生计的自然资本本就比较匮乏。根据《西藏自治区土地利用总体规划（2006—2020年）》，西藏自治区可进行耕种的土地面积仅占全区土地总面积的0.3%左右，是全国耕地最少、比重最小的地区①。而且，农户所赖以生存的耕地，质量也不容乐观。如表4-28所示，阿坝州耕地多分布于高山峡谷带的坡地，不仅土层薄、土壤有机质含量低，而且地形破碎、水源奇缺、灌溉不便，耕地跑土、跑肥、跑水现象十分普遍。西藏自治区耕地有机质、速效氮、速效磷、速效钾含量处于中、低水平的耕地分别占53.62%、46.55%、70.58%和31.24%②。此外，藏族聚居区气候复杂多样、生态系统耦合性强，阶梯的过渡性与高海拔严寒环境使得干旱、暴雨、洪涝、火灾、雪灾、大风、冰雹、泥石流、地震等各种自然灾害频繁发生③，尤其是作为"多重边缘地区"形塑的"联结带"——川甘青藏族聚居区，灾害频率更高，仅地震灾害，近几年四川藏族聚居区遭遇5级以上地震就有3次（康定市6.3级地震、理塘县5.1级地震、九寨沟6.5级地震），每次自然灾害的发生都对农牧户造成或大或小的损失。笔者曾对甘孜州道孚县农牧户就自然灾害损失进行简单访谈，受访家庭中，认为对家庭生计影响较为明显的自然灾害发生频次为1次/年的占17.5%、2~3次/年的占56.1%、3~5次/年的占23.9%，每次自然灾害带来的经济损失，低者几百元、高者万元以上；而从灾害损失的补偿情况来说，或由保险机构偿付或由政府予以救济补偿。从笔者走访情况来看，藏族聚居区近些年虽然也在积极推广政策性农业保险，但是总体上来说当地保险业并不发达，农牧户对政策性农业保险的参与积极性也不高，家庭自愿购买的商业性保险参与率更低，因此，由保险公司偿付自然灾害损失的情况，在藏族聚居区极其有限。至于政府的灾害救济，根据我国救灾机制，只有达到一定级别的自然灾害政府方可就损失进行补偿，然而，并非发生的每次自然灾害均能达到救济标准，更多的自然灾害属于对农牧户造成了切实的损失却达不到救济标准，

---

① 西藏自治区人民政府.西藏自治区土地利用总体规划（2006—2020年）［R］.拉萨：西藏自治区人民政府，2011.

② 郭永刚，于皓然，梁大鹏，等.西藏地区农田土壤培肥现状、问题与展望［J］.西南民族大学学报（自然科学版），2021（4）：348-355.

③ 据熊俊楠（2018）等人的统计，西藏自治区1983—2015年仅山洪灾害发生就共计1 055次，年均发生32次，其中2008年以后发生次数占总灾害次数的72.13%。王娟丽（2018）也统计了2008—2014年西藏发生的各类自然灾害：冰雹45次、雪灾45次、雷电35次、风灾13次、病虫草害9次、森林火灾10次、旱灾9次、霜冻3次、地震2次、其他灾害299次。

这对于脱贫不久、生计尚未稳定的农牧家庭而言，无疑是不小的负向冲击。

表 4-28　阿坝州耕地资源基本情况

指标名称			全州调查村/公顷	高半山村/公顷	高半山村占比/%	非高半山村/公顷	非高半山村占比/%
类型	坡度	项目					
平地	≤2°	面积	3 046.9	5 814	19.1	24 630	80.9
梯田	2°~6°	合计	105 935.4	8 226.7	7.8	97 708.7	92.2
		梯田	894.0	144.4	16.2	749.7	83.9
		坡地	105 041.3	8 082.3	7.7	96 959	92.3
	7°~15°	合计	207 045.8	49 981.8	24.1	157 063.9	75.9
		梯田	13 192.3	1 142.8	8.7	12 049.5	91.3
		坡地	193 853.4	48 839	25.2	145 014.5	74.8
	16°~25°	合计	351 985.6	174 076.7	49.5	177 908.9	50.5
		梯田	31 769	7 229.2	22.8	24 539.8	77.2
		坡地	320 216.6	166 847.5	52.1	153 369.1	47.9
	>25°	合计	513 005.2	317 528.6	61.9	195 476.6	38.1
		梯田	56 842.4	29 858.2	52.5	26 984.2	47.5
		坡地	456 162.8	287 670.3	63.1	168 492.4	36.9
耕地面积			1 208 435.8	555 627.7	46	652 808.1	54

数据来源：阿坝州州委、州政府调研资料。

　　第二，从驾驭其他生计资本的人力资本状况来看，健康与受教育水平的制约可能加剧藏族聚居区农牧户生计脆弱性。据桑晚晴、柴剑峰（2018）对川、甘、青毗邻藏族聚居区八县的调查，当地家庭成员健康的占样本总数的73.2%，26.8%的家庭都有慢性疾病或伤残病人，父母辈及以上的家庭成员为小学或文盲的占78.1%。这与笔者在甘孜州、阿坝州与西藏走访情况大体吻合①。近年来，随着民族地区教育发展十年行动计划、西部地区"两基"攻坚计划、九年义务教育和"9+3"免费职业教育、15年免费教育等政策的实施，藏族聚居区人口受教育水平虽有提升，但是，

---

　　① 笔者曾对甘孜州道孚县农牧户健康状况进行调查，结果如下：健康人员占全部受访人员比重为69.18%；长期患病但具有一定劳动能力者占20.55%；长期患病丧失劳动能力者占10.27%。

从第七次人口普查数据来看，由于区域整体教育发展历史基础薄弱，藏族聚居区 15 岁以上人口的平均受教育年限，以及每 10 万人中受大学、高中教育程度人数整体上低于全国平均水平。如表 4-29 所示，截至 2020 年年底，甘孜州、西藏自治区平均受教育年限分别为 6.89 年、6.75 年，分别比全国平均水平 9.91 年少了 3.02 年、3.16 年；而文盲率指标上，甘孜州文盲率为 18.23%、西藏文盲率为 33.11%，比全国平均 2.67% 高出不少，其中，主要从事农业生产经营的女性文盲率又高于男性[1]。从地缘维度来看，藏族聚居区人口受教育程度随着海拔的上升而表现出愈发严峻的特征，据阿坝州州委、州政府的一份调研资料，高半山区不识字或识字很少、小学学历的人口占比分别高于非高半山区 7 个、4 个百分点，详见表4-30。在语言掌握方面，根据教育部副部长、国家语言文字工作委员会主任田学军介绍，目前全国范围内普通话普及率达到了 80.72%、"三区三州"普通话普及率为 61.56%，藏族聚居区还有不少人口因为不会说汉语难以融入市场交易、拓展生计出路[2]。就区域发展而言，藏族聚居区的发展虽是挖掘区域特色基础上的发展，但是，特色终究需要融入全国性的"大市场"，区域振兴与发展才可能具有可持续性，因此，藏族聚居区人口教育水平等的薄弱性，无疑会影响其参与市场经济并分享经济增长成果的深度。

表 4-29　全国及部分藏族聚居区人口受教育情况

	文盲率/%	平均受教育年限/年	每 10 万人口中各类受教育程度人数/人			
			大学	高中	初中	小学
全国	2.67	9.91	15 467	15 088	34 507	24 767
四川省甘孜州	18.23	6.89	10 486	7 249	14 603	38 870
四川省阿坝州	12.39	7.97	13 191	8 261	21 614	36 097
西藏自治区	33.11	6.75	11 019	7 051	15 757	32 108

----

① 第六次人口普查数据显示：阿坝州年龄在 15 岁以上的农村文盲半文盲女性人口所占比重为 21.10%（男性占比 10.96%），而甘孜州农村人口中，年龄在 15 岁以上的文盲半文盲女性人口所占比重更是高达 42.37%（男性占比 30.48%）。

② 调研中，农牧民因为不通汉语而无法将牛羊、虫草卖到距家更远的核心交易市场而只能就近低价售出的案例比比皆是，而且，语言不通也使得农牧民生计模式转化困难，听不懂、说不了汉语也使得牧区年轻人外出务工的机会减少。

表4-29(续)

	文盲率/%	平均受教育年限/年	每10万人口中各类受教育程度人数/人			
			大学	高中	初中	小学
甘肃甘南州	13.31	7.97	14 517	7 394	14 092	43 602

数据来源：国家统计局及相关市州统计局发布的《第七次全国人口普查公报》，其中阿坝州文盲率数据来自第六次人口普查公报。

表4-30　阿坝州农村人口学历结构

学历	不识字或识字很少	小学	初中	高中	中专	大专及以上
全州/人	177 008	285 799	156 219	34 855	12 745	8 264
高半山/人	98 127	146 726	63 356	13 058	4 643	2 779
占高半山人口比重/%	29.85	44.64	19.28	3.97	1.41	0.85
非高半山/人	78 881	139 073	92 863	21 797	8 102	5 485
占非高半山人口比重/%	22.78	40.17	26.82	6.30	2.34	1.58

数据来源：阿坝州州委、州政府调研资料。

　　第三，从基础设施与基本公共服务供给情况来看，基础薄弱与维护等方面的难题不仅影响其可及性，而且也给藏族聚居区的进一步发展造成了较大的阻碍。虽然，就覆盖率而言，藏族聚居区水、电、路、通信、教育、医疗服务供给对行政村的覆盖率有了极大的提高，但是，用水难、用电难、出行难、看病难这些问题依然比较严峻。部分偏远地区的基层设施还未通达，据统计，甘孜州共有行政村2 747个，其中还有297个村未通自来水、1 486个村未通有线电视、561个村未通宽带网络，详见表4-31。即便是已经开通的村落，笔者在调研中获知，藏族聚居区海拔高、气候寒冷、自然灾害多发，水管、电缆等设施也频频因为被冻裂而无法正常使用，再加上由于地域广袤，设施维护队伍需要服务的半径大，通常很难及时排查、修复。特别是通村公路，不少地方还处于用土和石子简单铺就、未硬化的状态，如表4-32所示，甘孜州现行公路中简易铺装路面与未铺装路面的公路还占总数的13%左右，雨季泥石流、滑坡经常阻断通车，联通农牧户与市场的"最后一公里"尚停留于"晴通雨阻"之中，且从建设成本来看，每千米40余万元的高造价也影响着这一问题的解决。电力供给上也存在这些问题，除了故障多发外，电压不稳、电力不足的现象也很普遍，尤其是高寒山区，电力在生活照明上得以实现，但与满足生产化标准还有不小的差距，农户普遍反映的一个问题是：在农作物收割季，电力无法带动村庄多台机械同时运转而不得不靠抽签决定收割次序。与此类似的情况还有用水，季节性缺水在藏族聚居区尤为严重，冬季水管冻裂、井水结冰等导致集中供水点连满足生活所需都有困难，部分农牧户吃水还得靠人背畜驮的古老方式解决，饮用水不足不仅造成生活不便，也较大地限制了藏族聚居区生产和发展，如牧区奶制品制作对水的需求较大，而很多地方集中供水点的出水量是无法满足农牧户生产需要的。基础设施建设与维护上的这些短板，对于脱贫不久、亟待跨越的藏族聚居区而言，无疑制约其产业化、规模化发展。

至于公共服务供给方面，医疗与教育的可及性有待提高。特别是医疗服务，乡镇卫生院和县医院医护人员严重不足、药品不齐全几乎是共性问题。据农牧民反馈，乡镇卫生院只能解决日常小毛病，给病人开些常规止痛、感冒类药物，而县医院也只能进行 B 超、X 光检查和分娩手术，稍微大点的手术基本无法做，有时候，甚至连分娩手术都会对县医院形成挑战，若遇产妇大出血，县医院储备的血不足以应对，只能将产妇送往上级医院。在教育方面，高寒牧区教学点学生少、课程设置较为单一、教学质量难以保证成为新的问题，很多县连高中都没有，由于条件简陋，教学点的师资引进难题至今得不到有效解决。如果说医疗服务维护的是人口健康的话，那么，教育服务则保障的是发展的潜力。从目前情况来看，藏族聚居区无论是健康维护还是人才培育，现行物质资本的投入状况都难以对后续发展起到有力的支撑，可以说是脆弱性的一个表现。

表 4-31 甘孜州及各县农村社会基础设施建设情况　　单位：个

	自来水受益村	通有线电视的村	通宽带网络的村
康定市	222	131	133
泸定县	145	145	145
丹巴县	181	181	181
九龙县	63	46	57
雅江县	113	2	113
道孚县	158	40	98
炉霍县	171	171	171
甘孜县	179	32	151

表4-31（续）

	自来水受益村	通有线电视的村	通宽带网络的村
新龙县	147	115	71
德格县	171	10	171
白玉县	156	0	13
石渠县	31	14	25
色达县	40	134	134
理塘县	214	12	214
巴塘县	122	16	91
乡城县	89	89	89
稻城县	121	121	121
得荣县	127	2	208
甘孜州	2 450	1 261	2 186

数据来源：《甘孜统计年鉴（2020）》。

表4-32　甘孜州公路通车里程（路面类型）　　　单位：千米

	合计	有铺装路面 （高级）	简易铺装路面 （次高级）	未铺装路面 （中级、低级、无路面）
康定市	2 702.21	2 481.36	22.05	198.79
泸定县	1 452.60	1 404.41	9.09	39.10
丹巴县	1 512.77	1 512.77	0	0
九龙县	1 202.27	830.45	66.18	305.64
雅江县	2 289.18	1 328.19	115.07	845.92
道孚县	1 473.02	1 158.88	12.85	301.29
炉霍县	1 787.95	1 586.15	0	201.80
甘孜县	1 942.01	1 597.54	0.71	343.76
新龙县	1 808.72	1 691.38	32.35	84.99
德格县	2 453.75	2 136.92	0	316.82
白玉县	1 934.67	1 623.65	0	311.02
石渠县	3 772.24	3 772.24	0	0
色达县	2 039.42	1 718.39	0	321.03
理塘县	1 845.36	1 633.21	0	212.15
巴塘县	2 068.05	1 771.87	23.32	272.85

表4-32(续)

	合计	有铺装路面 （高级）	简易铺装路面 （次高级）	未铺装路面 （中级、低级、无路面）
乡城县	1 319.79	840.97	2.66	476.16
稻城县	1 370.97	1 318.17	0	52.80
得荣县	1 289.50	1 289.50	0	0
甘孜州	34 264.46	29 696.07	284.28	4 284.12

数据来源：《甘孜统计年鉴（2020）》。

第四，从储蓄水平与筹资能力来看，储蓄低、金融资产结构单一、融资渠道不畅、借贷困难使得农牧户应对风险并脱离逆境的能力弱，金融资产建构的滞后性既可能引发生计脆弱性，也可能对后续发展形成负向冲击。如前所述，藏族聚居区是自然灾害频发之地，应对来自自然或其他方面种种不可预知的风险一直是农牧户生产、生活维系中不可或缺的内容。风险发生后，家庭储蓄与筹资能力始终是农牧民应对打击的基础。但是，对藏族聚居区来说，无论是储蓄水平还是借贷能力，都欠理想。根据统计资料，2020年年末，西藏全区金融机构人民币存款中住户存款共1 080.80亿元，四川省甘孜州299.19亿元、阿坝州315.72亿元，青海省玉树州63.4亿元、果洛州35.04亿元，按当年人口数计算，人均储蓄存款额分别是2.96万元、2.70万元、3.83万元、1.50万元、1.66万元，总体上低于全国人均储蓄水平6.67万元[1]。如果进一步考虑城乡差异以及收入差距，脱贫不久的农牧户家庭储蓄水平会更低。而且，除了储蓄存款与贵金属外，藏族聚居区农牧户基本上少有其他金融性资产，受访农户中无一购买债券、股票等投资性资产。即便是贵金属，据笔者了解，近年来，放贷机构出于贷款安全考虑，往往要求以贵金属作为抵押，因此，藏族聚居区农牧户家庭拥有的贵金属也在减少。更重要的是，在变故面前，藏族聚居区农牧民借贷渠道并不通畅。根据西藏大学对拉萨市农牧区的民生调查，有借贷行为的农牧户占总样本量的45.56%，其中，33.33%的牧民家庭借款次数在1~3次、11.75%的牧民家庭借款次数在4~10次，借贷次数大于10次的牧民家庭占比为0.48%[2]。据此，借贷对于藏族聚居区农牧户而言属于较为普遍的需求。笔者在调研中了解到，多数农牧户的借款发生于熟人

---

[1] 相关数据由2020年全国及各市州《国民经济与社会发展统计公报》取得。

[2] 杨丹，杨铮，图登克珠. 拉萨市农牧区民生发展调查报告［M］. 北京：人民出版社，2018：466.

之间（大概占80%以上），藏族聚居区基层金融网点分布少①、借贷手续繁琐、条件严苛②等使得农牧民较少考虑从正规金融机构获得贷款，虽然多数情况下熟人之间的借款无须支付利息，但若熟人间借款无门而不得不转向民间放贷机构乃至向寺庙贷款，通常利率较高，利滚利又进一步催化了这部分农户生计的脆弱性。因此，综合来看，藏族聚居区农牧户一旦遭遇较大的负向冲击，以家庭自有财力渡过难关，还是比较困难的。同时，从政府财力情况来看，如表4-33所示，藏族聚居区整体上财政收支缺口很大，且收支缺口的规模有越来越大之势，2020年平均收支缺口额是2016年缺口的1.5倍左右；财政自给率也基本维持在10%以下，青海省玉树州与果洛州财政自给率甚至只有1%~2%。从图4-3可以清晰看出，在"十三五"期间，藏族聚居区财政自给率总体在不断下降。这样的地方财力基础对于发展而言，财政能起到的主要功用显然在于保障常规性"运转"，至于区域发展中必要的资源配置、经济稳定与发展功能，在财力严重不足时显然是难以兼顾的。

表4-33 "十三五"期间部分藏族聚居区一般公共预算收支情况

地区	年份	本级财政一般公共预算收入/亿元	本级财政一般公共预算支出/亿元	一般公共预算收支缺口/亿元	本级财政自给率/%
西藏自治区	2016	155.99	1 587.97	1 431.98	9.82
	2017	185.83	1 681.84	1 496.01	11.05
	2018	230.35	1 970.68	1 740.33	11.69
	2019	222.00	2 180.88	1 958.88	10.18
	2020	220.98	2 207.77	1 986.79	10.01

---

① 根据《西藏自治区金融机构运行报告（2020）》：截至2019年年底，西藏全区银行业金融机构乡镇网点共计420家，乡镇网点覆盖率达到74%，助农取款服务点覆盖4 991个行政村，覆盖率为88%；那曲市210个行政村的金融服务主要还是借助"3+2""4+1"的"背包银行"业务模式强化上门金融服务（https://www.docin.com/p-2376163521.html）。

② 牧区家庭资产除了现金存款、贵金属外，很大一部分体现为牦牛、房产，牦牛虽然是生产性资料，但是却难以满足正规金融机构贷款条件，而藏族聚居区房产价值较低，银行机构通常也不愿意接受。

表4-33（续）

地区	年份	本级财政一般公共预算收入/亿元	本级财政一般公共预算支出/亿元	一般公共预算收支缺口/亿元	本级财政自给率/%
四川省甘孜州	2016	32.26	300.14	267.88	10.75
	2017	27.37	343.33	315.96	7.97
	2018	30.03	420.52	390.49	7.14
	2019	34.12	402.14	368.02	8.48
	2020	40.11	453.88	413.77	8.84
四川省阿坝州	2016	32.6	219.63	187.03	14.84
	2017	26.81	236.25	209.44	11.35
	2018	24.66	291.69	267.03	8.45
	2019	26.40	305.88	279.48	8.63
	2020	28.73	368.38	339.65	7.80
青海省玉树州	2016	3.60	93.66	90.06	3.84
	2017	1.89	98.50	96.61	1.92
	2018	1.30	100.96	99.66	1.29
	2019	1.90	153.45	151.55	1.24
	2020	2.51	128.84	126.33	1.94
青海省果洛州	2016	3.64	70.15	66.51	5.19
	2017	2.50	71.79	69.29	3.48
	2018	2.31	88.78	86.47	2.60
	2019	1.89	93.81	91.92	2.01
	2020	2.69	95.76	93.07	2.81
甘肃省甘南州	2016	9.85	149.29	139.44	6.59
	2017	8.55	171.07	162.52	4.99
	2018	9.99	202.74	192.75	4.93
	2019	10.49	209.99	199.50	4.99
	2020	10.47	221.89	211.42	4.72

数据来源：西藏及各市州统计局及财政局公开信息。

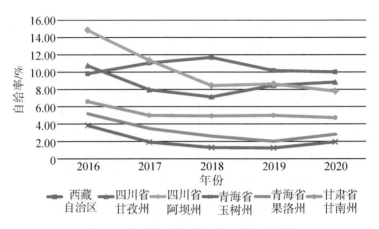

图4-3　部分藏族聚居区财政自给率变化

第五，从藏族聚居区社会支持网络来看，居住分散化、家庭结构分化与传统互助纽带的断裂，冲淡了以地缘、血缘为基础的社区传统的互助功能，而以合作社为载体的新型组织，也由于发育欠成熟，较多地影响其互助、支持功能，这些新的变化或将对藏族聚居区一直以为运行良好的社会支持网络形成冲击，并可能间接加剧低收入水平农牧户生计脆弱性。毕竟，亲友、邻里关系作为一种非市场化的关系网络，在藏族聚居区农牧户生产生活维持中扮演着重要角色，不仅是维系情感的纽带，更以信息共享、互帮互助的方式降低了农牧民生产、生活成本，是家庭遭遇天灾人祸时应对冲击的外在保障力量。然而，近年来，"藏民新居""移民扶贫"等工程在改善家庭生活生产条件的同时，也使得藏族聚居区家庭规模显著缩小①，子女分家等加快了藏族聚居区多代同堂的大家庭向核心小家庭的转变，而异地搬迁等也使得家庭居住分散化，这些虽然是社会进步的必然趋势，但是，核心小家庭的增多和居住的分散化使得以血缘、地缘维系的亲属关系更容易出现断裂，这种弱化的家庭关系在应对负向冲击时难免力所不逮，毕竟小家庭能够提供的资源有限、居住分散化也使得帮扶及时性降低。另外，社会关系网络的异化也削弱了藏族聚居区传统的社会资本功能。一个显著的表现是，随着精准扶贫与各项惠农资源的下沉，农牧户间获益不均，对资源分配的分歧使得邻里矛盾时有发生；而交际网络的分

---

① 例如，据第七次人口普查数据，甘孜州平均家庭规模为3.2人/户，比2010年减少了0.8人/户；西藏自治区家庭平均3.19人/户，比2010年的4.23人/户减少了1.04人/户。

化，如年轻人外出打工后对社区参与性降低、先富群体搬离居住地各自组织生活空间等，使得社区也出现了一定程度的结构分化，一些高寒山区留下来的住户甚至是原先社区中的"最贫"家庭，而单纯由"贫者"缔结而成的社区要完成生计拓展是比较困难的。社区规模的萎缩与关系的种种改变，虽属正常演变趋势，但确实可能影响到农牧户生计的稳定与后续发展。

专业合作经济组织作为藏族聚居区新生的互助性组织，近年来确实在数量上取得突破性增长①，但是，如前文所述，藏族聚居区多数合作社还处于边发展边规范或先发展后规范的初级阶段，能够发挥的桥梁与纽带作用十分有限，70%以上的合作社规模较小，涉及的产业链条端、业务范围单一，市场开拓能力弱，产品更难以达到生产标准化。专业合作社对社员的帮助，一般包括生产协调、代购社员生产资料、对困难社员提供从业机会、补贴孤寡老人，至于如何推动产品深加工与标准化生产、如何开拓市场和开展金融互助等方面始终比较薄弱。更有不少农牧民专业合作社是近几年在获取财政补贴的背景下成立的，且法人代表多为村干部，合作社产品包装简陋、质量参差不齐，运行中缺资金、缺人才、缺管理的现象也很普遍。据此，藏族聚居区要完成脱贫后的乡村振兴与发展，合作社要真正意义上实现整合乡村要素、发挥合作功能并在此基础上促成藏族聚居区乡村整体有机性，还有较长的一段路要走。

（5）"控辍保学"行动困境影响人才培育。

义务教育作为基础性、公益性事业，对人才培育与国家治理具有重要作用。长期以来，藏族聚居区因贫辍学、因上学难辍学等现象远胜他域。教育的重要性使得国家近年来不断强化藏族聚居区"控辍保学"政策落实。相对于以前而言，藏族聚居区适龄儿童入学率、在校率因为"控辍保学"措施的采取而有了极大的回升，但是，"控辍保学"在具体实施中面临着系列特殊挑战，种种实践性困境使得"控辍保学"成效被削弱，这将从人力资本方面束缚藏族聚居区"自律性"发展。

首先，农牧民对"理性"的差异化理解影响其参与积极性。适龄孩童是否到学校读书这件事情之于藏族聚居区农牧户而言，同样是一种由"理性"支配的生计策略选择问题。只是，在藏族聚居区特殊的生存环境下，

---

① 截至 2019 年年底，西藏农牧民专业合作社已达 13 726 家，同比增长 58.8%，加入合作社家庭 164 749 户、537 159 人；四川甘孜州农村专合组织达到 2 415 个。

农牧民对"理性"的理解存在较大差异，支配家庭做出行为选择的不是常规逻辑而是基于生存本能与社会活动习惯的"理性"。从调研情况来看，高寒牧区家庭对教育的态度高度取决于满足家庭的生活需要：对于年龄较小者，家长觉得孩子能帮忙放牧、干农活的能力有限，而学校免费为孩子提供吃住，让孩子到校上学可减少家庭开支，通常比较愿意送孩子就学，但若孩子年少生活自理困难则另当别论，部分农牧户考虑到需额外派人专门到镇上照料且照料需要花钱租房等而不愿响应政策；到了虫草季，这一现象特别突出，尤其是高年级孩子，基本上能够作为家庭半劳动力上山找虫草，基于短期内可见的经济收益对比，很多家庭会让孩子请假，即便是宣传牌上标语"最好的虫草在校园"再鲜明，也无法改变教室几乎无人的窘况，面对各级控辍保学排查、报告、劝返，甚至有出现个别农牧户出钱雇人上学的极端案例。

其次，寺院"控辍保学"政策推行中的特殊情况有待解决。藏族聚居区农牧民婚丧嫁娶、衣食住行都与寺庙有着紧密的联系，送子女到寺庙修行也是藏族聚居区久有的习俗，历史上寺庙与学校曾经一度存在生源上的抢夺。近年来，随着政府对义务教育的不断强调，藏族聚居区各地纷纷将"控辍保学"作为党委政府、村社"两委"和职能部门专项考核内容，对寺庙的僧人管理，除了严格控制适龄未成年人入寺外，还将寺管所工作业绩与控辍保学挂钩、对推进不力的寺管干部进行追责，同时，将适龄未成年僧人法定监护人（家人）的各类惠民政策与子女僧人的上学情况挂钩，以此来强化学校义务教育在藏族聚居区的全面推进。在政策高压下，寺院与家庭总体上比较配合该项工作开展，但对未成年僧人就学的一些特殊情况考虑不周，使得寺院"控辍保学"成效受影响。根据尕藏扎西（2018）对玉树州寺庙"控辍保学"实施情况的调查来看，适龄未成年僧人劝返工作在实践中有诸多困境待解决：一是寺院中残障儿童僧尼与孤儿僧尼被劝返存在隐忧，毕竟，农牧民将残障孩子送到非竞争性寺院的初衷就是让孩子生活有长远的保障，而将其劝返至离寺院较远的学校到上学，无疑加大了这部分特殊群体的生存压力，监护人对此难以理解也有抵触情绪；二是被劝返僧人就学安置欠妥会使其在寺院与学校教育间无所适从，按照"控辍保学"落实办法，年龄较大的未成年僧人在高年级入读、年龄较小者安置到低年级，寺院佛经学习和学校国民教育差异较大，很多年龄较大者都没有正式接受过学校教育，让连一、二年级都不曾上过的僧人直接入读高年级，难以适应与学习难度大都是问题，在寺院与学校之间无所适从者并非特例，至于学习效果同样堪忧；三是小僧尼入学存在被孤立与心理压力问题，毕竟，受制于种种客观条件的制约，少有学校能够专门针对劝返僧人单独设班授课，对于尚不明事理的小学生来说，身着袈裟的小僧人无疑是一种别样存在，这也在一定程度上带给被劝返小僧人较大的心理压力①。

---

① 尕藏扎西. 藏传佛教寺院"控辍保学"实施情况调研 [J]. 攀登，2018（6）：68-74.

第五章 藏族聚居区"自律性"发展困境解析及出路

一、藏族聚居区"自律性"发展困境的学理解析

（一）藏族聚居区"自律性"发展的要素联动机制

"自律性"发展作为区别于"外源"嵌入的一种发展道路，是本地社会动员、整合内部资源以实现自身意愿的全方位发展模式。从内涵上说，它是区域内部主体基于自身资源、文化传统、劳动力、资金、生产技术、体制等因素或条件，在尊重自身价值基础上通过动员本地社会、调动社会各方面积极性与创造性，以技术进步为动力，并将之与市场经济的特殊要求有机衔接、激发社区居民主动建构社区公共事务的系统化、可持续的行动机制。因此，与"外源式"发展相比，"自律性"发展强调当地需求、实现本地意愿，这决定了其行动机制上有别于"外源嵌入式"发展。如果我们把发展视为资本积累、地理因素、自然条件、国家政策、文化、社会环境等多因素的相互作用、共同影响的过程，那么，如图5-1所示，藏族聚居区"自律性"发展则是一个由当地人主导下的内外要素协调耦合过程。毕竟，以内部资源进行内生整合对于羸弱的藏族聚居区而言尚不具备直接的条件与能力，较为可行的选择是，在政府、市场的共同作用下，进行政策、资本、交易条件等的外部嵌入，进而在乡村精英主导下进行整合。具体来说，政府的制度设计、政策供给、公共品提供等，为藏族聚居

区发展给出顶层设计与制度性保障，并进一步内化为区域发展的责任分担机制，而以企业为代表的市场主体和公益性社会组织，则在市场需求导向下将专业人才、技术、资金和经验等"嵌入"当地构成其发展的基础与辅助力量。这些外源的制度设计与资源投入初步形成了藏族聚居区发展驱动机制（详见图 5-2）中的拉力与推力，但是要转化为内部的发展动力，成为符合本地需求、体现当地人意志的战略规划及资源分配机制，关键在于能否将区域内民众真正组织动员起来以致力于目标的实现。对此，需要借助社区精英、乡村两委类的社区发展主体与政府规划者、外来企业家、社会工作者进行衔接、协调：一方面，精英群体以引领普通村民的方式激发社区发展动力，完成将普通村民塑造为具有发展意愿的内生主体，并进而在不断增强的社区凝聚力下缔结为专业合作社、村民理事会等新型内生组织，新型内生组织反过来进一步提高内部组织力、行动力，也拓展对外话语权；另一方面，社区精英借助自身影响力、话语权等对乡村内部秩序予以规范和约束，形成社区治理的地方性规范体系，经过重塑的内生秩序在正式制度与地方非正式制度的深入融合中不仅规范、约束外来资源，也教化、引导内生主体的行为。内生主体、内生组织、内生秩序的形成，与"自律性"发展来说，相当于完成了驱动机制、组织机制、协调机制，它们进一步与民族文化等资源耦合共生成为当地发展的主导力量，此时，外源性干预则演变为辅力，"自律性"发展模式最终形成，并以产业发展、生态维护、社区治理等为载体淬炼为社区居民的资本积累、资源与要素优化配置、文化传承与创新、市场适应与开拓等内生发展能力。

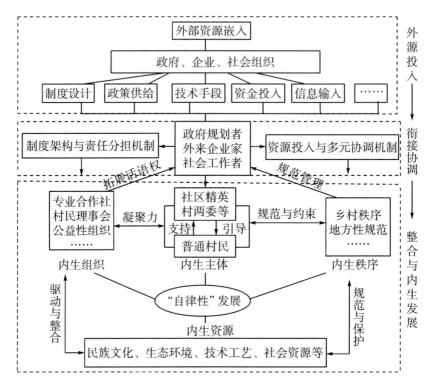

图 5-1 "自律性"发展要素联动机制

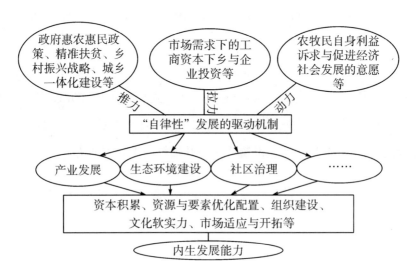

图 5-2 "自律性"发展的驱动机制与内生发展能力养成

在上述要素联动过程中，社区精英群体、村两委等无论在完成内外资源整合、激发社区主体的发展意愿，还是凝集社区力量、促成内生组织，亦或规范、约束主体行为与道德保准、塑造内生秩序上，都起到了关键的作用，他们将国家权力、市场力量与基层社会在村庄界面上汇聚和融合，是藏族聚居区内生发展驱动乡村振兴路径中必不可少的一环。具体来说，精英群体对于藏族聚居区"自律性"发展机制而言，实际上是属于以人力资本下沉赋能资源利用，从而提高乡村的资源配置和发展灵活性，如图5-3所示，是将发展条件转化为行动、互动策略进而导向结果的关键所在。有了乡村精英的发展决策、可行性战略掌控能力，社区发展的原始动力得以酝酿，其后，依托村集体经济或产业政策，乡村的技术人才开发、资源整合平台建设开始启动，并进而发展为规模化生产、高品质管理、规范化运作和民政文化传承与创新、生态环境保护与社会，从某种程度上说，社区精英群体与村两委等基层组织是否被有效引导并发挥引领辅助作用，是藏族聚居区在脱贫攻坚后能否顺利走上"自律性"发展路径的重要影响因素。

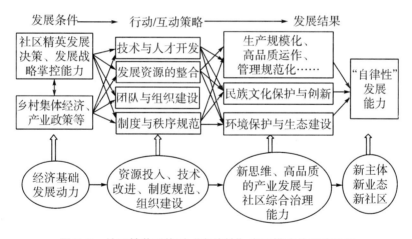

图 5-3　社区精英群体对"自律性"发展模式的影响机制

（二）藏族聚居区"自律性"发展循环的关键因素

由"自律性"发展的要素联动机制，我们观测到了藏族聚居区在脱贫攻坚后要形成内生发展能力、走"自律性"发展模式，需要特别注重社区内部的精英群体以及发挥村两委等基层组织的作用。但是，这仅仅是来自系统内部动力激发、要素整合、组织建设等方面的载体，而"自律性"发展模式，不管其选择何种具体的实践路径，它本身需要在经济大循环系统中完成，这意味着乡村精英群体主导下的整合发展，需要强调不同影响因素的主次性与发展能力培育的优先序。而如前文所述，刚完成脱贫攻坚战略的藏族聚居区，暂不可能直接完全依靠自身资源进行内生整合，在较长的一段时期内，可行的路径是在政府与市场主体嵌入政策、资源的基础上由乡村精英群体主导下进行内生整合，因此，从藏族聚居区发展的内在逻辑来看，促成发展的因素虽然包括了资本、地理因素、自然条件、国家政策、文化、社会环境等多个方面，但是，其中的关键因素，借鉴于水、姜凯帆在《内生整合与外部嵌入：农村社会发展模式比较分析》一文中的分析框架，可概括为"政策""资本""贸易可达性""乡村精英"四个重要因素[①]，详见图5-4，其中，政府与市场主体的作用主要在于增强区域的工商资本、创造贸易可达的条件，而以乡村精英主导的整合最终在于向市场输出，这种输出既是对外部市场经济规则的遵从与掌握、是对理性法则的适应，也是将村庄社会法则融入市场、对外部市场需求的引导与创造。据此，社区精英群体主导的整合是否成功转向"自律性"发展，关键在于藏族聚居区内部主体行动能否适应、融入外部的大市场。毕竟，随着脱贫攻坚的完美收官，藏族聚居区发展所面临的社会动员机制由超常规向常态化转型后，对市场机制及其规则的认可、遵循、融入程度，决定了藏族聚居区发展的深度。换句话说，只有适应、融入了大市场的整合，有效识别市场需求、拓宽产品销路以及开辟新市场等，才能真正意义上实现产业盈利与经营绩效，完成"政府、市场、农村社会"的相互融合并探索出具有藏族聚居区特色的自我"造血"的"自律性"发展模式，从而实现资本自我积累能力、资源及要素优化配置能力、社区治理能力、环境治理能力、文化创新能力等的提升。

---

① 于水，姜凯帆. 内生整合与外部嵌入：农村社会发展模式比较分析 [J]. 华中农业大学学报，2017（6）：87-93.

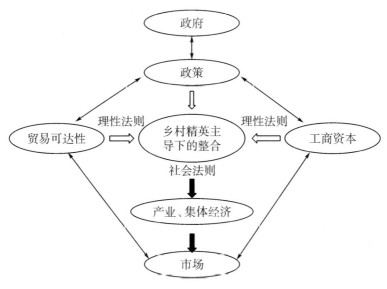

图 5-4 发展的内在逻辑与重要因素

既然市场导向和商品化生产始终是农业产业发展的关键，对市场经济理性法则的理解、接受进而融入可行社会法则，是藏族聚居区走向"自律性"发展需要培育的重要能力的话，那么，这种能力培育的载体又是什么呢？从市场的交易性出发，可承担这一能力培育的载体主要是乡村产业、集体经济。毕竟，"产业兴旺，是解决农村一切问题的前提"，迄今为止，我们尚未发现有其他的载体能够比产业、集体经济的发展更能融合技术培训、资金筹措、组织方式、产销对接、利益联结、组织建设等要素，产业兴旺本身就是适度规模化、专业化、标准化、集约化、信息化、市场化、品牌化的过程。社区主体在寻找资源（政策、土地、资金、项目、市场、合作伙伴）、选择载体（农业龙头企业、农民专业合作社、产业基地）、搭建平台（政策、信息、技术等服务平台）、建立渠道（政府部门、村两委、农户、厂商联系沟通渠道）、开拓市场（线上、线下销售和消费助力等）、培育人才（培养产业带头人、农业经纪人、电商操作员等）的过程中，无一不渗透着市场经济的理性法则，这种理性法则贯穿于农产品生产、加工及流通的各个环节，也通过理性法则与乡村社会法则的融合，藏族聚居区发展得以在国内城乡经济大循环中保持畅通。

进一步说，市场理性法则之于藏族聚居区"自律性"发展而言，是检验今后农牧户生计水平、抵御各类风险能力的"标尺"，这也意味着当务之急藏族聚居区农牧民内源性、持久性的个体能力培育命题重心，需要导向市场意识培育和市场参与能力，即个人适应市场价值规律，能够根据市场变化采取措施改变生产、销售等行为以获取最大效益的能力。具体来说，如图5-5所示，今后需要从三个维度增强农牧户对市场的参与程度，增加其市场谈判、市场驾驭能力，从而做到清楚地知道该"生产什么""为谁生产""如何生产""怎么销售""如何化解风险"，包括：市场透视与经营能力——了解价值规律、供求规律、竞争法则等，能够理解市场配置资源的手段、方式，清晰地识别市场需求，并依据收集的信息预测市场需求变化，进而以市场需求为导向来制定生产决策，掌握农产品标准体系和科学的生产流程以深度对接市场需求；产品销售与市场开拓能力——依靠市场来推动农业转型，通过掌握市场开拓策略、借助多样化的营销技术，利用现代信息技术与新媒体等新型营销手段扩宽产品销路、开辟新市场，以打造"品牌"来实现"本色农业"向"品牌农业"转型；市场风险防控能力——借助产业合作、组织化等载体增强小农户在大市场中的议价能力、降低工商资本的控制，通过增强信息获取、掌握突发情况处理与应对方法以适应复杂多变的市场环境，并以重塑农牧民在地方市场中的主体性和引入市场中介组织、农业经纪人等方式以化解各种风险。

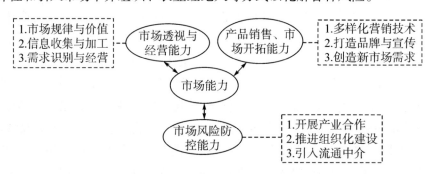

图5-5　市场能力培育的三个维度

（三）藏族聚居区"自律性"发展困境的理论解析

"自律性"发展的要素联动机制与影响因素的解析，为我们提炼出内生发展重要的主体、要素、载体与能力培育图景，"社区精英""组织建设""秩序塑造""产业与集体经济""市场能力""贸易可达性""资本"是这一图景中的关键词。"社区精英"构成了村庄动员的引导主体，"贸易可达性""资本"是"自律性"发展启动的基础，"组织建设"与"产业与集体经济"是成功推动内生发展的载体，"秩序塑造"是重要制度保障，而"市场能力"则是实现内源发展的关键支撑力量，它们对于"自律性"发展来说缺一不可且难以替代。由此，任何地区若无法以既有和新发现的价值与制度为基础构建自身经济、社会发展模式，并在市场经济中谋得一己之位乃至脱颖而出的话，问题的根源或出于上述诸方面。

1. 弱"贸易可达性"制约藏族聚居区市场经济发展

虽然，现代信息技术变革弱化了地理区位对于发展的影响，但"贸易可达性"所代表的交通便利程度等，依然对区域发展具有重要的作用，其效应不仅直接体现在农牧业劳动生产率、运输成本等对当地经济市场交互能力的影响上，也间接体现在对区域内文化、制度的影响上。由第四章对藏族聚居区"自律性"发展能力的测评可知，近年来的基础设施建设极大地提高了藏族聚居区的交通便捷程度，相对于其他因素而言，来自地理区位的发展制约确有减弱①，但公共服务供给质量及物流配套不足等使得藏族聚居区"贸易可达性"条件并不具有优势，其对藏族聚居区发展影响远胜于测评数据。从调研情况来看，藏族聚居区与外界市场交易的发生频次很大程度上取决于物流的通达程度，且运输成本事实上制约着农牧民参与大市场交易的机会：一是藏族聚居区特色产品输出困难，尤其是通村路多为季节性道路，很多村庄道路常年平均利用率为 60%~70%，再加上地质灾害频繁，公路年年修、年年垮的状况极大地制约了特色农产品的输出，这对于活畜交易与生鲜产品来说尤为困扰，毕竟，赶着牛羊走远路有诸多麻烦，有些时候尚未到达交易点牛羊已死在路上；而松茸等生鲜品因为境内运输里程长、时间长而难以保鲜，多数农牧民只能在本地市场以低价销售给有限的外来收购商，即便互联网为藏族聚居区打开了产品销售的另一种渠道，在消费者和农户间架设了交易的桥梁，但是分散交易与网点收发货时间间隔难以同步，且运费若无地方政府财政补贴、完全由商家承担的话，收益过低也使得很多商家不愿交易。二是高额的油耗、过路费等运输成本推高了输入本地的生活用品、农资等商品价格②，而价格过高又进一

---

① 地理区位方面不达标指标贡献率由 2018 年年初的 9.5%左右下降到 2020 年年初的 5%左右。

② 成都市售价 2 元/斤的小白菜在甘孜州道孚县的价格在 6 元左右；成都周边只需要 330 元/吨的水泥，运输到甘孜州道孚县后达到 560~600 元/吨，再转运到乡村建设地点，可高达 800~1 000 元/吨，相当于成都周边 3 倍。

步限制了农牧民的商品需求，从而抑制了农牧户参与市场交易的机会，从能力培育的角度来看，这也意味着阻碍了农牧民对市场的认识与了解。

此外，更为重要的是，除了带来上述影响外，如图5-6所示，它们还以影响劳动效率、运输成本和信息交换为中介，作用于藏族聚居区产业规模效应、产业关联效应、技术进步能力、文化与制度融合能力而影响市场交互能力。其中，弱通达性降低了藏族聚居区与域外的信息交换能力，它一方面引发技术固化，另一方面也降低了文化与制度变革的可能性，使藏族聚居区经济、社会发展孤立于外界大市场；同时，弱通达性意味着低劳动效率和高运输成本，前者以降低生产效率方式，后者以弱化发展中的产业关联、集群与规模效应方式①阻碍了藏族聚居区与外界大市场的交互能力。

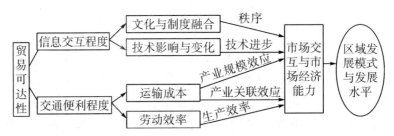

图5-6　贸易可达性对区域发展模式的影响机制

2. 村级组织引领力难以撬动藏族聚居区"组织化"发展

藏族聚居区"自律性"发展是村域范围内以农牧民为主体的发展，但农牧民主体并非农牧民"个人"的主体，只有将农牧民个体组织起来才可能成为发展主体。毕竟，组织对乡村社会发挥着融合、规范、引导的作用，是链接村庄外部资源与内部利用的关键所在。只有实行"组织化"，千差万别的个体农牧民才能实现目标耦合、勘定合作边界、融合秩序规范，也才可能尽量降低风险、用最低的成本解决发展的问题，进而释放持久的发展力量。"组织化"是藏族聚居区"自律性"发展的有机组成部分与重要保障。

有效发展的乡村是一个由诸种组织相互联系、彼此作用所构成的有机

---

① 尽管藏族聚居区"自律性"发展对规模化生产不是必然要求，但只有产业形成链接工业与农业的融合式发展，藏族聚居区才能在更大程度上分享产业发展的利益，而不至于因为农产品流通环节的低效而利润空间被挤压。

整体，其中，村支部作为国家与藏族聚居区基层社会有机联系的"接点"，需要贯彻落实党的路线、方针、政策，组织、部署藏族聚居区乡村发展的各项战略性决策，在乡村振兴中发挥领导核心、战斗堡垒作用；而村委会作为村民选举产生的自治型组织，在村社自我管理、教育、服务中事实上承接工程项目建设、惠农政策落实、集体经济管理等重要事项的具体执行；农民合作社和其他经济社会组织，则按照自愿、平等、互助等原则在生产生活中致力于带领致富、发展产业与经济……在这个过程中，村级组织扮演着四种基本角色——外源主体的协助者、项目的执行者、村社的组织者和服务的供给者：作为外源主体的协助者，村级组织在项目参与者识别与传递乡村发展需求上发挥着决定性作用，其热情度与诉求的迫切与努力程度直接影响村社从外部获取发展资源的能力；作为项目的执行者，村级组织工作积极性、资源配置的精准性等项目执行样态，不仅构成外部资源投放选择的考虑因素，也影响着村社内部行动协调、资源整合与配置等发展能力；作为村社的组织者，村级组织的工作经验、管理水平、经营能力、权威与公信力等决定着村庄的动员水平与集体行动的效率；作为服务的供给者，村级组织提供的公共服务、基础设施、生活福利等以提升居民福祉的方式影响村社内部凝聚力，详见图5-7。

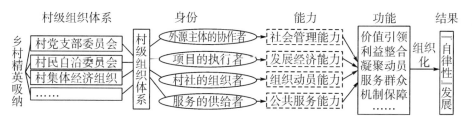

图5-7　村级组织促进"自律性"发展的理论分析框架

据上，藏族聚居区"自律性"发展困境，很大程度上与村级组织权能羸弱有关，确切地说，村级组织整体引领力不足使得精准扶贫以来市场与社会组织嵌入无法让个体化的乡村社会有效运转起来。首先，村支部、村委会等村级组织人员构成上的缺陷影响了组织力的发挥。藏族聚居区乡村如同中国其他乡村一般，具有典型的精英治理特征，乡村内部的政治、经济精英，也汇集于村级组织中，因此，村庄的发展，不仅包含农牧户个体发展，更重要的是发挥村级组织的"能人带动"效应。但是，目前一个比较突出的问题是，被喻为"领头雁"的村党支部书记，老龄化现象严重、活力不足，虽然具有丰富的阅历和较高的威望，但普遍存在年龄偏大、文化程度不高、创新意识较弱、带动能力不强等问题。调研村庄中，大约一半的支部书记为高中及以下学历水平，其对自身职责的认识，也多停于记录与宣讲政策精神、完成上级交办事项层面，因此，在新时代他们很难增进多元主体利益联结机制以凝聚并调动村民形成发展合力。这种状况在《中共中央国务院关于实施乡村振兴战略的意见》《乡村振兴战略规划（2018—2022年）》等提出村党组织书记"一肩挑"制度①后，更是对村级组织的价值引领、平台搭建、资源整合、机制保障提出了更高的要求，而现行村级组织基础显然无法应对种种新的变化，这无疑对其组织力、引领力又是挑战。其次，基层党组织对社区精英群体吸纳不足。大量成功脱贫与发展的实践案例证明，对于基础孱弱的乡村而言，"有效动员"与"有效服务"需要"能人效应"。因此，如何以"柔性化"方式吸纳新生社会空间的个体进入村级治理场域，是藏族聚居区巩固脱贫攻坚成果并走向"自律性"发展的重要内容。但是，从藏族聚居区基层组织体系建设来看，无论是吸纳新型农业经营主体骨干进入村级组织，还是将党建嵌入经济组织方面，都还存在覆盖不足、工作僵化等问题。从某种程度上说，以党建提升村级组织凝聚力、号召力、引领力，进而促进农业产业转型升级，是当下重塑乡村基层组织体系的关键所在。

3. 集体经济基础孱弱影响藏族聚居区村社"公共性"塑造

任何活动的开展都需要相应的活动单元及载体，藏族聚居区"自律性"发展除了村级组织外，也离不开集体经济这一载体。毕竟，集体经济组织作为一种生产经营组织形式，可通过实行集体积累和统筹来帮助乡村走出外源依赖，且相对于农民专业合作社、现代农业龙头企业、家庭农场等新型农业经营主体而言，其在利益协调过程中既能"见物"也能"见人"、可消除盈利导向的经济组织在"社会性"方面的局限，实现专业合作社等难以达到的功能以增强乡村经济社会内生发展能力。换言之，在土地集体所有制基础上建立的集体经济，作为乡村集体资产和资源的重要代

---

① "一肩挑"制度，即村党组织书记通过法定程序担任村委会主任和村级集体经济组织、合作经济组织负责人，并强调村党组织书记经过法定程序担任村委会主任的占比在2022年要达到50%。

表，能够以村落共有的经济基础打造"利益共享、责任共担"的联结机制，其运行不仅生产村庄共同的经济利益、构建社区集体积累和统筹机制，也能够将经济嵌入地方社会和文化体系，从而生产村庄共同价值、社会规范上的公共性，而公共性是维系乡村基层社会内生秩序的基础，详见图5-8。一言以概之，集体经济具有共有性、共享性、服务性、社会性、公共性等特征，它突出了经济的共同体属性和隐藏其后的社群关系，无疑更能体现中国特色社会主义乡村本质属性①。因此，相较于其他，集体经济是缔造藏族聚居区村社利益共同体、组织共同体、生活共同体的最合适的纽带，也是更能激活乡村社会内生发展活力的载体。

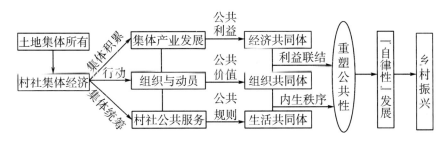

图5-8 集体经济推动村社"自律性"发展的内在逻辑

但就藏族聚居区集体经济发展现状来看，虽然精准扶贫工作在夯实藏族聚居区集体经济基础、缔造专业合作社等集体经济组织上颇有所成②，特别是责任考核体系将村集体经济发展效果作为村党支部"堡垒指数"、班子成员"评先评优"和农牧民党员"先锋指数"的重要依据，以及启动集体产权改革后，藏族聚居区出现了多种组织形式的村集体经济③，各地也纷纷宣布村集体经济实现"破零"目标，然而，村集体经济发展不均衡、基础孱弱、发育不健全与管理能力不足等问题依然制约其发挥引领力作用。笔者调研发现，多地村集体经济存在发展水平低、发展速度慢、发展层次低、产业结构单一、经营性收入少、缺乏持续增收渠道、融资困

① 马良灿，哈洪颖. 新型乡村社区组织体系建设何以可能：兼论乡村振兴的组织基础建设[J]. 福建师范大学学报（哲学社会科学版），2021（3）：67-171.

② 西藏自治区统计的数据显示，目前全区农牧民党员已达19.5万人，5 400多个村（居）中有92.5%的村有集体经济，其中年收入在5万元以上的占49.1%，年收入超过50万元的占7.7%（https://baijiahao.baidu.com/s? id=1701543499405571668&wfr=spider&for=pc）。

③ 比较常见的村集体经济组织形式有村"两委"+农户，村"两委"+公司+农户，村"两委"+专合社+农户，村"两委"+公司+专合社+农户，国资+村"两委"+公司+农户等。

难、规模小、管理不规范等问题，部分村庄甚至无支撑集体经济发展的资源、处于"有集体经济之名而无集体经济之实"①状态。例如，2019年阿坝州农村集体经济为农牧民人均可支配收入贡献仅38元，2020年没有集体产业的村还有132个（占12.2%）；2020年甘孜州1 695个村集体经济净收入共达7 925.45万元，平均每个村集体经济收益为4.67万元，其中收益在1万元以下的村有516个（占30.4%），1万～5万元的村有718个（占42.4%），5万～10万元的村有310个（占18.3%），10万元以上的村有151个（占8.9%）②；2020年，西藏自治区5 400多个村（居）中大约还有7.5%的村无集体经济；青海省玉树州集体经济年收入在10万元以下占行政村总数的45%左右（116个）③。众所周知，利益主导是乡村发展的重要源泉及核心推动力，它对于乡村公共性的再生产有着不言而喻的助推作用④，而藏族聚居区村级集体经济的羸弱，特别是那些没有经济效益的村庄，很难吸引村民参与，它又通过村庄认同感与归属感影响乡村秩序、经济发展和社会生活等各方面的再组织，毕竟，无利益驱动是很难将个体化的农牧民联结为关系紧密、稳定的共同体。

二、培育与提升藏族聚居区"自律性"发展能力的可行路径

提高藏族聚居区"自律性"发展能力，无论是对巩固脱贫攻坚成果而言，还是对实现乡村振兴战略目标来说，都是关键所在。基于深入实地的调研与藏族聚居区"自律性"发展能力的初步评估，可知在广袤的地域范围内，藏族聚居区各地"自律性"发展能力水平不一、制约因素有别。因此，有必要针对不同类型地区、不同制约因素，因地制宜、因势利导地提出相应的"自律性"发展能力培育与提升策略。

---

① 何嘉. 农村集体经济组织法律重构 [M]. 北京：中国法制出版社，2016：12.

② 数据摘自阿坝州、甘孜州农牧农村局资料和四川省政府公开信息（https://baijiahao.baidu.com/s? id = 1688040054460325367&wfr = spider&for = pc; http://www. moa. gov. cn/xw/qg/202101/t20210121 _ 6360347. htm http://www. sc. gov. cn/10462/10464/10465/10595/2020/7/15/b582a0541c0a46c792fe854b385c4324.shtml）。

③ 数据由新华社宣传资料推算（https://baijiahao.baidu.com/s? id = 1701543499405571668&wfr = spider&for = pc）。

④ 杨玉珍. "幸福村落"建设中乡村公共性再生产的内在逻辑 [J]. 华中农业大学学报（社会科学版），2014（1）：23-29.

（一）藏族聚居区"自律性"发展能力培育与提升的总体框架

1. 以差异化的外源嵌入模式激发藏族聚居区"自律性"发展

藏族聚居区经济发展、市场发育等各方面的弱质特征，从根本上规定了当地的"自律性"发展能力培育需要建立在外源嵌入基础上，政府、市场、社会组织在不同领域、以不同的方式为藏族聚居区发展发挥支持功能（详见图5-9）。根据第四章对样本藏族聚居区发展的评估可知，藏族聚居区各地"自律性"发展水平大致可分为中、低、弱三个层次，依据"自律性"发展能力高低之别，可将藏族聚居区划分为"一类区域""二类区域"和"三类区域"，因此，外源支持需要分类分区推进差异化支持框架，详见表5-1。

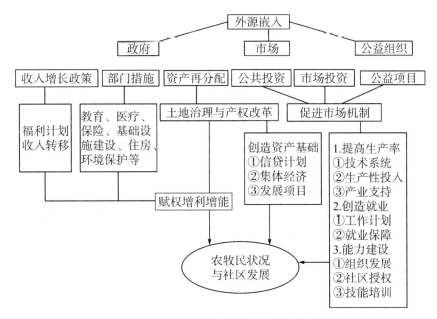

图5-9　藏族聚居区外源支持体系构成框架

表5-1　三类区域的外源嵌入模式

	嵌入特征	行政责任	嵌入途径	政府嵌入资源	产业模式
一类区域	弱行政+强市场+强社会	制度供给、公共服务	购买服务 东西援助	制度体系、市场规则、技术标准、公共服务	"市场引领型"产业发展

表5-1(续)

	嵌入特征	行政责任	嵌入途径	政府嵌入资源	产业模式
二类区域	强行政+强市场	制度供给、公共服务、基础建设、产业推动、就业保障	政府投资购买服务东西援助	金融资本、公共服务、人才、组织体系、技术标准、基础设施	"政府推动+市场合作型"产业发展
三类区域	强行政+弱市场+强社会	制度供给、公共服务、基础建设、组织建设、就业保障、产业引领	政府投资购买服务东西援助消费助力	金融资本、公共服务、基础设施、人才、组织体系、市场规则	"政府引领+市场援助型"产业发展

  "一类区域":以四川理县朴头乡、西藏墨竹工卡县为代表的"一类区域",多接近于城市或经济中心,相对来说具备较为理想的地理区位条件和比较扎实的产业基础,基础设施方面来自"最后一公里"的牵制基本上解决了,特色农牧产品、民族工艺、旅游资源开发等总体上能够顺利承接中心城区的发展外溢,其"自律性"发展障碍度主要来自"行动自主性"维度,而"行动自主性"的制约又源于个体学习能力、合作与管理能力、经营能力的薄弱。由此,作为"外在"系统的外源支持,其嵌入的重点应由金融资金、物质投入转向市场秩序维护、交易规则强化和以"教育""培训"为主要内容的公共服务供给;支持方式也应由直接转向间接,实现方式从以生产导向为基础转向以市场导向为基础,以"购买服务""东西援助"等更强调市场机制与交易规则的方式嵌入;外源主体也应淡化行政配置资源的政府主体,从"政府"转向"企业""社会组织"等主体,政府负责制度供给、顶层设计,具体发展项目的推动等则交给实体企业、公益性社会组织,即以"弱行政、强市场"组合嵌入当地发展,以"市场引领型"产业发展谋求城乡融合与三产融合。

  "二类区域":以四川康定市雅拉乡、道孚县玉科镇为代表的"二类区域",区位上多位于海拔较高的二半山区,距离城市、经济中心相对较远,这使得当地发展面临较多困难,就资源独立性来看,除藏族聚居区共有的金融资本严重不足外,比较突出的制约是基础设施存在比较明显的"最后一公里"问题①,"通村"公路、管道、线路等不稳定造成内外经济联通时断时续,虽然初步搭建起产业发展、旅游资源开发框架,但由于区位偏远

---

  ① 根据2019年中国藏学研究中心调查,拉萨市农牧民对义务教育、政府补贴等公共服务满意度都达到85%的水平,但对交通道路的满意度在75%左右水平。

难以从城市、经济中心发展中享受到经济外溢，无论是文化自觉性维度中的资源开发还是传统手工艺的挖掘程度都比较低，当然，阻碍其"自律性"发展更深刻的还是行动自主性能力。据此，培育与提升"二类区域"的"自律性"发展能力，外源支持需要以"政府"与"企业""公益组织"皆"在场"的方式嵌入藏族聚居区发展。结合该区域"自律性"发展的制约因素，其中，政府需要继续以行政手段疏通水电路等基础设施建设的"最后一公里"难题及教育、医保等公共服务供给，除此之外，还应在产业发展、市场对接方面予以强化，通过"政府引领型"产业淬炼自我发展能力，然而产业发展、市场对接中政府不能以"政治性"任务为名要求企业投资或以强制性的"消费助力"名义代替藏族聚居区完成当地农牧产品的销售，政府的帮扶不能以剥夺厂商投资决策以及消费者的购买、消费决定权为基础，其作用应限于信息沟通、建立产销地之间的联络渠道、建立利益共享机制；企业则在自愿原则下，在政府引领型产业引导下，对藏族聚居区具有市场开发价值的资源注入投资资金与技术，但是，企业的开发与投资需要符合"公平""利益共享"原则；至于公益型社会组织，应着力于微观层面的发展推动，面向社区家庭提供多元化、个性化的发展帮扶。

"三类区域"：以四川理县上孟乡为代表的"三类区域"，普遍地处偏远、"贸易可达性"差，入村、入户基础设施供给多数还没有到位，农牧户生产经营保有浓厚的传统多样生态农业特征，以生计生存目标为驱动的农牧户市场经济参与性差、人口流动性弱[1]，很难享受到外部市场经济发展的外溢成果，其产业发展规模小、效益低，因此，当地"自律性"发展面临的阻碍远高于一类、二类区域，从测评结果来看，物资资本、经营管理能力与学习能力对其影响最大。针对这种资源匮乏、行动能力疲弱的情况，显然，外源支持体系必须以强"行政推动"和"市场驱动"引导的模式嵌入当地，通过政府与市场两个层面的统筹梯度跟进发展。具体来说，"行政推动"指政府需要承担起制度供给、基础建设、产业引领和能力培

---

① 市场经济参与性可通过综合商店得以一观，根据第三次全国农业普查，西藏有50平方米以上的综合商店或超市的村只占17.0%。《中国县域统计年鉴》也显示，2019年上孟乡营业面积超过50平方米以上的综合商店或超市只有5个。人口流动性可通过户籍人口与常住人口观测，通常，常住人口大于户籍人口是一个地区经济活力和人口聚集能力强的表现，2019年上孟乡户籍人口为2 958人，而常住人口为2 959人（国家统计局农村社会经济调查司. 中国县域统计年鉴·2020（乡镇卷）[M]. 北京：中国统计出版社，2021：513）。

育四个方面的责任。其中，制度供给主要是确保脱贫攻坚与乡村振兴战略的衔接机制建设，把以脱贫攻坚为基础的帮扶机制加以再创造，确保帮扶人员、帮扶政策、帮扶物质等的稳定性与有序退出，尤其需要注意的是，新时期制度供给需要关注"自律性"发展导向，可以参照宜宾的经验，在帮扶机制中引入"歇帮""复帮"制度，"歇帮"制度侧重于以"负面清单"方式累计列出类似于不执行政策规定和村规民约、推卸赡养老人责任、故意造成老人贫困、婚丧嫁娶活动中大操大办、违法乱纪、参与黄赌毒等不良行为，只要帮扶对象犯有上述行为则停止帮扶，以此明确帮扶对象应该做什么、不应该做什么，从而倒逼帮扶对象的主动性、激发其内生动力；"复帮"制度则针对"歇帮"期间能自觉改正自身不足，经过民主评议后恢复其帮扶资格；基础设施建设则需要继续依靠政府投资来补齐短板，把饮水、电力、道路、网络、住房等民生领域的公共设施建设，作为中长期建设项目持续下去以突破当地发展的空间制约；产业引领指的是政府必须以集体经济、合作社、龙头企业等为载体，帮助藏族聚居区整合村社资源，在夯实传统农牧业保温饱的条件下发展特色商品化农产品，帮助藏族聚居区增强特色农产品产业的有效性和持续性，但这需要解决好有为政府与有效市场之间的平衡问题，避免以简单的"产业分红"模式代替"政府经营"的事实，政府的帮扶重点在于资金注入与引导市场资源、搭建发展的组织支撑体系、建立联动发展利益联结机制、对接小农户与大市场的实现机制；能力培育则要求政府承担起智力支持，稳定供给教育、医疗、科技输送等公共服务，确保为需要劳务输出的农牧民提供餐饮、藏式家居、雕刻、绘画、修车等技能训练，并通过动态监测与反馈机制保障脆弱性群体应对负向冲击。

2. 以脆弱性干预综合框架提高藏族聚居区"自律性"发展韧性

发展之"困"，从根本上说是主体自身应对动态变化的经济、社会、自然系统能力不足，无法抵御负向冲击、无法有效治理脆弱性的状态；发展"困"境之纾解，实际上是主体在不断演进的系统中，对于种种可能的风险、负向冲击做出有效防御、抵抗、恢复、重建、调整、适应的努力。"自律性"发展，从本质上说，是降低脆弱性，建构以防御力、恢复力、学习力为支撑的自组织系统从而增强发展韧性力的过程[①]。一个具有可持

---

① 翟绍果, 张星. 从脆弱性治理到韧性治理：中国贫困治理的议题转换、范式转变与政策转型 [J]. 山东社会科学, 2021 (1)：74—81.

续性的"自律性"发展能力的藏族聚居区，首先是一个在风险环境中能够有效治理脆弱性，且通过事前预警规避、事中响应调整、事后迅速恢复及优化的社会系统。鉴于实践中脆弱性生成具有多样性，不同类型的脆弱性又与不同的风险相关联，因此，藏族聚居区的脆弱性干预需要解析脆弱性的生成而有针对性地设计应对框架。

从脆弱性生成来看，在消灭了原发性绝对贫困之后，藏族聚居区具有代表性的脆弱性，除主要集中于以老弱病残为代表的生理性贫弱群体、刚性支出或不合理支出过量的群体、城乡二元结构影响下的流动性人口以及突发性变故下的暂时性贫困人群外①，还表现在受灾群众和寺庙僧侣群体上。

其中，老弱病残等特殊群体脆弱性的风险因子在于自身生理性缺陷，可称为健康脆弱性，它以增加直接费用（如医疗支出）与机会成本（劳动力损失、劳动效率下降）的方式对家庭造成冲击，随时间、年龄推移，身体机能退化导致的健康风险将趋于增大，结合第七次人口普查数据看，藏族聚居区老龄人口总体上呈现出增长趋势②，这意味着将来这部分群体比例会越来越高，而对于生理性缺陷带来的贫困风险，产业等经济政策难以触及，属于"无业可扶"、自身也"无力脱贫"的范畴。因此，比较可行的措施是健全兜底保障网，由此，完善兜底社会保障体系，加大医保、养老、低保、医疗救助等社会政策在藏族聚居区的覆盖面与兜底力度、提高政策的持续性，是必然的选择。鉴于寺庙僧侣群体的脆弱性绝大多数也由年老、疾病引发，可参照特殊群体以兜底保障网予以覆盖。

支出导致的脆弱性在藏族聚居区主要表现为教育致贫、建房致贫、婚娶致贫和宗教性支出几个类别，其本质还是发展不充分所致，但该类风险属于可预期、可控范畴。对此，除推进产业等经济政策以提高经济收入外，还需要辅以必要的专项救助政策与理性的消费引导。比如，藏族聚居区教育支出过大引发的脆弱性，主要分两种情况：一是义务教育阶段外如大学阶段所发生的学费等刚性支出；二是义务教育教学点布局、教育资源

---

① 左停，李世雄. 2020 年后中国农村贫困的类型、表现与应对路径 [J]. 南京农业大学学报（社会科学版），2020（4）：58-67.

② 与 2010 年第六次全国人口普查相比，西藏 60 岁及以上人口比重上升了 0.85 个百分点，65 岁及以上人口的比重上升了 0.58 个百分点；甘孜州 60 岁及以上人口的比重上升了 1.67%，65 岁及以上人口的比重上升了 1.86%。

不均衡引发的去镇上陪读这类超额支出，其发生于特定的时间段，不具有长久性，但对人才培育有正向影响，因此，可考虑以制度化的教育救助方式提升农牧家庭的韧性。建房、婚群和宗教支出引致的脆弱性则由消费观念不合理而生，需要以宣传、教育方式引导农牧民理性消费。

城乡流动人口脆弱性的形成较为复杂，风险源既来自经济系统也来自社会系统。一方面，藏族聚居区流动人口脆弱性具有鲜明的转型贫困色彩，精准扶贫、城乡融合等政策的推动使得越来越多农牧民外出务工，人口流动在重塑藏族聚居区经济、社会、文化、生活等各个领域的同时，也使得贫困不再囿于固定的时空场域而生，时空分离、脱域发展将直接对务工型农户造成扰动与冲击：经济危机、贸易条件冲击、价格波动、就业市场竞争及其他不确定性会在不可预估的某个时刻冲击务工型脱贫农户生计来源，科技的发展以及种种不可知市场风险的随机扰动以波及家庭收入的方式引发功能障碍；除此之外，务工人员离乡外流也客观上造成人员留守，进而加剧老年群体"困"的本质①。另一方面，流动人口脆弱性也与社会系统风险具有千丝万缕的联系：一来，政策制度的调整与变更难免冲击到务工型家庭，特别是不少农牧民务工收入与脱贫攻坚引发的基建高潮相伴，随着项目收尾，这部分家庭受到的冲击会更显著；二来，城乡分离的救助体系难以有效应对务工群体的暂时性贫困，毕竟，低保等社会救助依户籍而建，农村户口的务工人员在"属地"原则下是无法享受就业地福利制度的，而户籍地的发展项目，也因为其脱离了地域而无法受益。对于流行性群体背后的经济系统风险源，通常难以预知与控制，往往需要以推广小额人身保险、意外保险等普惠型小额保险的方式②来提高务工人员的风险处置能力；而对于社会系统的风险源，除了确保政策制度的衔接与稳定外，还有必要打破城乡分割、建立以"属人"为原则的城乡无缝对接的救助体系来提高流动性人员的抗逆力。

藏族聚居区突发性变故造成的脆弱性主要指向家族成员遭遇重大疾病、事故和冲突械斗引发的巨额医疗支出与赔偿，相对于其他，患病治

---

① 左停，李世雄. 2020 年后中国农村贫困的类型、表现与应对路径 [J]. 南京农业大学学报（社会科学版），2020（4）：58-67.

② 根据张栋浩、蒋佳融的研究，村庄普惠有助于降低我国农村家庭的贫困脆弱性，保险指数增加一个标准差将使农村家庭未来陷入贫困的可能性降低33.24%。而调研情况显示，藏族聚居区农牧户对普惠小额保险的认识十分有限，3 个村庄中拥有普惠小额保险农牧户的比例不到20%。

疗、愈后康复和巨额赔偿对家庭财富的急剧消耗通常超过普通家庭可承受的范围，往往是家庭从"非贫"到"贫"的转折点。排除冲突械斗这种极端的特殊情况，突发变故最终多以医疗支出方式呈现出来。而对于医疗性支出造成的高压，关键在于医疗保险体系：其一，在完善常规化的城乡居民医疗保险制度兜底功能的基础上，对大病、特病辅以覆盖面更广、响应更及时的临时救助；其二，建立多元化的人身、医疗、意外商业性保险制度，在此基础上创新、优化保险产品结构，尤其是推广符合贫弱人群需求的低保费，购买容易、理赔简单的普惠小额保险；其三，强化劳动保护，针对高风险行业、领域就业群体实施强制性的劳动保护政策和福利制度，破除制度障碍、实现就业与参保的高度关联。

受灾脆弱性则主要源于藏族聚居区自然系统脆弱性，属于地理特征复杂多样、生态环境敏感等蕴含的自然风险引致的困境。根据调研，藏族聚居区自然风险（如洪涝、雪灾、地震、干旱等）对农牧户的冲击，主要表现为房屋、基础设施、农田、农作物、牲畜等的毁损。随着科技进步和预测灾害能力的增强，自然系统的风险可以在一定程度上通过事前预警规避，因此，增强受灾农牧民解"困"能力是一个囊括"事前—事中—事后"环节的全流程防灾减灾系统，包括：第一，从区域性生态环境系统特征出发建立灾害风险管理机制，借助动态风险监测、评估、预警降低灾害损失；第二，建立完备的应急体系和灾害救助体系，通过及时救助避免暂时性贫困滑向长期贫困；第三，针对因灾导致的农牧户财产损失，以健全的政策性农业保险帮农户分担损失、弱化灾害冲击力，同时，提高家庭金融服务的可得性、降低借贷交易成本，通过普惠金融为农牧户灾后生产生活重建提供资金支持，对于灾害损失特别严重的家庭额外提供特别救助；第四，以合理化的生态补偿机制持续推进藏族聚居区生态环境建设，从根源上减少自然系统的致灾因子。

综上，藏族聚居区脆弱性干预应是容纳经济、民政、自然资源、社会治理等各方面于一体的综合框架，具体的干预政策需要系统分析脆弱性的风险源、充分考虑"触发器"而进行调整，通过完整、有针对性的干预体系来提高藏族聚居区对风险的感知力与应变力，从而最终达到尽可能弱化经济、社会、自然系统风险的目的，详见图5-10。

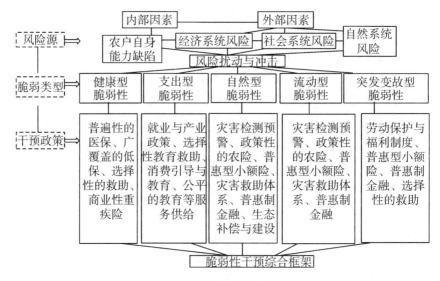

图 5-10　脆弱性干预综合框架

3. 以"小局域""立体化"产业体系夯实藏族聚居区"自律性"发展的经济基础

作为多维度的发展概念，"自律性"发展并不局限于经济维度的进步，但经济基础决定着发展的广度与深度，藏族聚居区"自律性"发展首先是经济维度的发展，而经济的发展有赖于产业体系，因此，在传统农牧业基础上建立一个分工合理、具有区域特色和符合当地资源禀赋的产业体系具有特别的意义。问题在于藏族聚居区的产业该如何在基础薄弱的条件下布局才能走出既有自身特色又融于市场的道路。笔者认为，破题的关键在于立足地缘维度从"小局域""立体性"出发。这既是藏族聚居区地域特殊性的要求，也是"自律性"发展之小范围的"地方"经济服务于当地市场、当地人群的根本要求。

首先，"小局域""立体性"的产业概念符合藏族聚居区特殊的地理环境特征。相对于其他地域，藏族聚居区地域广袤、地形地貌复杂多样，海拔从 1 000 米以下到 5 000 米以上呈现阶梯式爬升，区域内既有开阔的河谷地带，也有森林、草甸、草原、荒漠。随着海拔高差变化，气候呈现出复杂多变特征，如藏东南和喜马拉雅山南坡高山峡谷地区自下而上呈现出从热带或亚热带气候到温带、寒温带和寒带气候的垂直变化，水平距离仅数十千米范围内就有热带、温带、寒带三带的自然景象，而且，在热带、温带、寒带过渡中又形成了诸多"小局域"气候类型，有热带山地季风湿润气候—亚热带山地季风湿润气候—高原温带季风半湿润、半干旱气候—高原亚寒带季风半湿润、半干旱和干旱气候—高原寒带季风干旱气候等，生动地诠释出"一山有四季，十里不同天"的复杂多变性。这种"立体化""小局域"气候类型，既表征了自然景观的多样性，也孕育着"小局域"间人们生活需求与农牧业生产的差异性。正视这种差异、并基于差异建立内外有别的"小局域"产业体系，最能够突出激烈的市场竞争中的"特色"要求。

其次，"小局域""立体性"产业概念体系是符合藏族聚居区市场生态的选择。就农业领域而言，虽然在一般意义上，发展资本密集、技术密集的现代集约农业被视为应对激烈的市场竞争的有效手段，但是藏族聚居区不仅是自然生态环境复杂的区域，而且是市场生态脆弱的区域，资本与技术上的天然弱势决定了当地农牧业发展很难突破"小局势"限制、走规模化取胜道路，市场容量也规定了当地产业选择需要重视"小局域"的"本地"市场。如前所述，藏族聚居区地理区位上远离经济中心，农产品在加工、仓储、物流等跟不上的情况下很难对接外域大市场，对小农户来说，比较可行的途径在于满足在地市场需求、建构在地化的市场体系、以"地产地销"的方式参与市场经济，这决定了藏族聚居区农牧业产业体系的建立需要考虑"市场容量小"的现实约束，若罔顾市场容量、"小局域"特征而按照大市场逻辑建构产业体系，事实证明结果终将难以如愿。笔者在调研中了解到，近年来拉萨市和周边地区纷纷推进"菜篮子"生产基地建设、发展蔬菜种植产业，仅拉萨市的种植面积就达 7.38 万亩，集中连片设施农业基地 17 个、设施蔬菜面积达 3.3 万亩，年产蔬菜达 32.65 万吨，而拉萨市场容量有限，实际上消耗不了那么多基地供给的蔬菜，剩余蔬菜也无法拉到拉萨以外的市场销售。由此，以"小局域""立体性"概念建构的产业体系，天然具有避开产业同质化的风险，从某种意义上说，也是散、小农牧户应对规模化、资本密集型产业发展面临的残酷竞争局面的最好选择，从其他层面来看，还是"自律性"发展之"在地化"、当地人群生产活动服务于当地人群需求的最适路径。

最后，"小局域""立体性"农牧业产业体系也是契合藏族聚居区资源与农牧民生产条件的选择。概念上，"小局域"虽不必然排斥规模经济的农业产业路径，但是它从地域范围上规定了藏族聚居区特色农牧业产业的规模范畴不可能达到新自由主义构想的大规模、超大规模农场图景，相对来说，它更符合"适度规模化"定义；如果说"小局域"是对产业规模做出限定的话，"立体性"概念则从"多样性"角度指明了藏族聚居区农牧业发展的胜出之道在于"范围经济"，即在小规模化基础上借助生产的小型生态自循环来拓宽产品品类、依托地方性传统知识进行类似于"种养结合""桑基鱼塘"的"纵向一体化"式生产。表面上，"小局域""立体性"农牧业发展体系似乎难以通过规模化来降低生产成本，但是，这种追求适度规模的范围经济也许是最适合藏族聚居区农牧户现状的道路，具体来说：一来，根据第三次农业普查，西藏自治区从事农业经营的共 498 025户，但是实现规模农业经营的只有 8 486 户（占比为 1.7%），绝大多数农业生产者属于分散的小农户，再加上藏族聚居区居住分散，只有 9.2% 的乡镇有商品交易市场，6.0% 的乡镇有以粮油、蔬菜、水果为主的专业市场，这种情况决定了开展高度合作化和规模化产业的集体行动成本过高、实现难度较大；二来，从开展农牧业生产最重要的土地资源来看，西藏耕地面积仅占土地面积的 0.41%，沟壑式、台地式的地形地貌特征使得单纯追求农牧业规模化生产的做法不可取，必须考虑从其他方面来推动农牧业的高质量发展[1]，而适度规模的家户制农业经营形态则避开了土地资源的制约，不失为兼顾产业发展和农牧民家庭经营的可行路径。

综上，藏族聚居区农牧业发展的产业化道路应统筹区内区外两大市场，在保护生态环境的基础上，实行差异化的农牧业产业布局，将绿色的内涵式、外延式经济[2]融于小局域立体环境，使产业实现小局域的"集聚"优势，即在尊重当地小局域立体农业的实际的基础上，让生存于小局域立体环境、立体资源和立体人文氛围的立体人群，走立体发展的"范围经济"之路[3]。而根据不同海拔高度下自然环境与资源特色，藏族聚居区可大致划分为开阔河谷地带、半山农牧交错带和高寒牧区三大类。河谷地带相对面积宽阔、水源充足、土壤肥沃、气候较好，适合作为藏族聚居区的

---

① 禄树晖. 西藏东部乡村振兴的推进路径与模式选择研究 [J]. 西藏大学学报（社会科学版），2019（3）：140-145.

② 按照主体功能区划分，藏族聚居区大多数区域都属于禁止开发区和限制开发区，如西藏全区限制进行大规模高强度工业化、城镇化开发的农产品主产区和重点生态功能区占国土面积的94.98%，这决定了产业发展之路只能往绿色经济方向发展。

③ 马林英. 凉山农村彝族妇女可持续发展研究 [J]. 西南民族大学学报（人文社科版），2000（10）：25-33，161.

粮食主产区和种养业集中产业化区域，可在评估、确定市场占有区情况下，改造农田，依托科技与资本投入布局青稞产业、建立商品粮基地、发展早特产生态副食，以机械化、规模化经营模式参与竞争、打开域外市场，同时，结合近郊优势推动三产融合、多元功能融合、生产要素融合、承接城市功能外溢，开展全时全域休闲旅游体验，走农旅融合、文旅融合之路。半山农牧交错带则多为流域高山峡谷区域，海拔相对较低，区域内土地以小流域台地式为主，沟壑纵横、雨量充沛，适宜发展林果、藏药材、奶牛、藏猪、藏绵羊、食用菌、茶叶、林下产品等高原特色优势农畜产品，因此，可以考虑在强化保鲜、仓储、冷链物流等配套的基础上，通过小范围的订单农业模式发展家庭农场式的高山峡谷特色生物资源开发，走适度规模下的"范围经济"道路，并辅以特色小城镇建设发展体验式乡村民俗旅游。高寒牧区耕地稀少、气候严寒、草地广袤，多属于天然草原生态保护区，可以考虑重点布局阜产业、以牧促农，通过延伸产业链经营好高原生态农畜产品品牌，发展生态型牦牛、奶牛、羊产业，把资源优势转变为产业优势、经济优势；在此基础上，围绕地域文化和生活习俗挖掘特色民族工艺潜力，为刺绣、雕刻、绘画等特色手工艺赋予商品化价值，利用"互联网+"搭建"网上天路"，发展"两头在外的补偿贸易"高端品质化特色民族工艺品项目；同时，有条件的社区可以打造为天然牧场、游牧体验的旅游接待社区。

当然，上述产业布局仅仅是一个大致的立体性体系，尚未深入到更具有地方性的"小局域"层面，因此，在实践中，还有必要针对更小的发展单元做进一步的细化。同时，鉴于脱贫攻坚任务下藏族聚居区产业选择具有一定的仓促性，部分村庄的主导产业没有考虑区内、区外市场情况，产业同质化与摊大求全等问题也客观存在，因此，在脱贫攻坚向乡村振兴的衔接阶段，需要适时盘点、调整现有产业，在分级、分类明确市场占有区域的基础上按市地需求调整发展规模；对效益不高与不适宜的产业项目，要有的放矢地制定补救措施或重组兼并、转产止损。

（二）藏族聚居区"自律性"发展能力培育与提升的可行路径

"外源"支持体系、"脆弱性"干预体系与"小局域""立体性"产业体系在结构上为藏族聚居区发展搭建了战略性主框架，但发展也得讲究战术设计，藏族聚居区"自律性"发展能力的培育与提升需要在可行的路径中实现。结合第四章藏族聚居区发展能力考察结果和第五章"自律性"发展及困境的学理解析，藏族聚居区"自律性"发展能力的培育与提升可以重点考虑以下内容。

1. 夯实村社组织基础，重塑藏族聚居区发展的组织力

由前文对"自律性"发展要素联结机制的剖析可知，村社基层组织在形塑藏族聚居区"内生主体""内生秩序"与整合"内生资源"上发挥着关键的引领作用。藏族聚居区乡村发展面临的困境之一是村社组织能力不足，也是由于组织能力不足，分散的农户难以借助集体的力量应对大市场的系统性风险。因此，正视村社组织在农村社会管理、农村经济发展、公益事业建设、农业技术推广及应用等各方面的功能，通过夯实基础、机制创新来重塑藏族聚居区基层组织的"中枢"功能，是培育与提升藏族聚居区"自律性"发展能力的必然途径。

广义上，村社组织体系是一个包括以纵向覆盖和结构性动员为主的基层党建、行政化组织和以横向协作为主的自发型自组织等的概念，是囊括了执政党基层组织（第一书记和村党支部）、国家行政化组织（如驻村工作队及其包挂村干部）、法定村民自治组织（村委会及其村民代表大会、村务监督委员会、村民议事会等）、公益性社会组织和群众性自组织在内的复合体系。但鉴于村级"两委"班子"一肩挑"制度的全面推进，实践场域中的藏族聚居区村党支部、村委会和村集体经济组织日趋集中，从人员构成到具体事务都越发趋同，党务、政务与村务一体化推进；且2019年中共中央办公厅、国务院办公厅印发的《关于加强和改进乡村治理的指导意见》和《中国共产党农村基层组织工作条例》、2020年中央一号文件《中共中央国务院关于抓好"三农"领域重点工作确保如期实现全面小康的意见》和《中华人民共和国乡村振兴促进法》、十九届五中全会公报《中共中央关于制定国民经济和社会发展第十四个五年规划和二〇三五年远景目标的建议》、2020年中央农村工作会议和2021年中央一号文件《中共中央国务院关于全面推进乡村振兴加快农业农村现代化的意见》等将党组织在基层治理中的地位提到了新的高度，就基层党组织在乡村组织体系中的核心、领导地位做出了明确的制度表述，笔者此处所指的藏族聚居区村社组织建设主要围绕基层党组织和村委会而展开。根据前文对藏族聚居区基层组织的考察可知，"自律性"发展能力弱的地方通常是"有组织，

没力量"① 的社区，而基层党组织引领作用不突出，主要又与支部书记能力不足、人才缺失等有关。从一定程度上说，基层组织引领力问题实际上是藏族聚居区人力资本制约"自律性"发展的表征。因此，培育与提高藏族聚居区"自律性"发展能力，还需要从村党支部这个国家治理与乡村治理互动界面的人才队伍建设尤其是培育适合的支部书记入手，建议：

第一，拓宽渠道，打破地域、身份、职业等界限，优化村"两委"干部选拔机制。如前所述，藏族聚居区本地人才稀缺，老龄化与外出务工人员多等进一步加剧了乡村干部选拔难度，特别是对于发展能力极弱的社区来说，几乎选拔不出强有力的引领者，因此，有必要突破地域、身份、职业等界限，从更广泛的县乡域内选拔具有党员身份的新型职业农民、致富能手、外出务工经商返乡人员、大学毕业生、退伍军人、大学生村官等充实村"两委"。其中，特别需要说明的是，相对来说，藏族聚居区是更强调宗教性、礼俗性的社会，至今，由传统社会积淀下来的自然权威整合村社秩序的现象依然比较突出，自然权威也是国家与村民之间的黏合剂，村"两委"工作开展很多时候得在自然权威配合下进行，因而，作为社区精英的一部分，村级组织建设可以考虑在对自然权威人员进行引导、再造的基础上，将那些具有时代意蕴、德才兼备和责任担当的自然权威吸纳入村"两委"，即便无法纳入村"两委"，也可以探索建立具有自身特色的类似于"乡贤理事会""乡风文明理事会""纠纷协调理事会"类自治组织。

第二，以制度化的培训、学习机制和动态化的乡土人才培育计划提升村级组织成员的能力水平。快速变化的社会对新时代藏族聚居区村"两委"的能力提出了更高要求，这意味着藏族聚居区村级组织建设必须通过多种方式开展灵活性学习，如定期的集中理论学习、外出考察与交流、技术培训等以推进"传统型"村干部向"现代型"村干部转型；在此基础上，还有必要启动村"两委"后备力量储备计划，利用对口援藏等渠道，适时选拔村社中优秀的青年人才或高校毕业生进行相关培训、挂职锻炼，打通其上升通道以解决村级优秀干部、后备干部匮乏问题。

第三，完善对村"两委"干部的考核激励机制，提高村社干部履职积极性。笔者在调研中了解到，藏族聚居区中部分村庄之所以出现"有组织，无能力"的局面，并非村"两委"干部能力不足，而是考核激励机制

---

① 易新涛. 基层党组织"三化"问题及应对之策［J］. 理论探索，2019（4）：58-63.

建设不到位所致，尤其在地广人稀、交通不便的牧区，本来党员人数就比较少，开展组织工作成本高，在考核不严、激励乏力的情况下，村"两委"成员不愿意"费心费力"，其"被动"履职背后实际上是约束—激励机制难以撬动干部积极性问题。虽然，近年来西藏按照每村每年发放10万元基层党建工作经费以落实村干部报酬待遇动态增长机制，然而，对于偏远村庄来说这项经费还是比较紧张的，既无法保障牧区基层组织建设问题，也无法激发干部的工作热情。因此，今后在保障村基层组织建设工作经费的基础上，还有必要强化干部年初承诺述职和年末等次评定制度的落实，同时，探索村"两委"干部奖励与集体经济营收挂钩等激励制度。

第四，探索"党建+"方式来提高组织覆盖度，增强党支部发展服务能力。对于普通农牧民来说，对组织的认同与接受、判断村"两委""行"与"不行"的直观标准在于能否带领大家增收致富与解决公共服务问题。这种"利益"标准其实传递的是新时代党建对乡村发展服务的意蕴。而基层党组织只有将触角有效延伸到经济之中，通过整合与利用村庄经济资源来引领乡村产业发展，农牧民增收致富才能体现出发展服务能力。笔者在调研中了解到，虽然近些年藏族聚居区各类专门合作组织、农牧基地、家庭农场等新型经营主体如雨后春笋般增长，且有部分专业合作组织发展态势良好，但是，一些村庄党组织的"毛细血管"并没有渗入这些新型经营主体之中，村"两委"对新型经营主体带领村民致富的引导功能没有体现出来。有鉴于此，今后得考虑以"组织建在产业链、党员聚在产业链、农民富在产业链"的思路，将党建工作下沉、渗入新型农业经营主体中，构建村企、村社等各类形式的基层党组织，并借助"党建+专业合作社""党建+基地"等多种灵活方式促进乡村产业发展与农牧业转型升级，从而提高基础党组织的凝聚力、号召力、引领力。

2. 完善基础设施建设，提高藏族聚居区"贸易可达性"

如前文所述，"贸易可达性"从信息交互、物流成本两个方面影响藏族聚居区与外域大市场的联通、互动程度，藏族聚居区"自律性"发展的本质，也是在内循环的基础上统筹域内域外两大市场。笔者结合调研中村庄普遍存在的出行、供电、供水等难题以及理论性研究发现①，今后还需

---

① 刘好（2018）、程刚（2018）、图登克珠（2019）、卓嘎措姆（2020）、才让加（2020）等人的实证分析表明，交通运输等基础设施与藏族聚居区经济发展之间具有高度正相关关系，发展物流产业、增加公路与民航周转量等是促进藏族聚居区经济进一步发展的有效途径。

通过完善基础设施建设来提高藏族聚居区"贸易可达性",进而提升个体农牧户及区域的"自律性"发展能力,建议:

第一,推进"最后一公里"基础设施建设以提高域内"通达率"。根据前文的分析可知,藏族聚居区在脱贫攻坚收官后,路网和电网建设基本上实现了对建制村的全覆盖,乡镇、行政村通达率达到100%,这虽是历史性的突破,但是,若考虑藏族聚居区农牧民居住分散的特殊情况,以自然村为衡量标尺,则即便是通达率最高的路网、电网也无法保证达到100%覆盖,如昌都公路行政村通达率为100%、自然村通达率为59.05%,更别提供水、通信等方面基础设施了,联结农牧户的"最后一公里"问题成了藏族聚居区"贸易可达性"的堵点、痛点,该难题不解决,则联通域内域外的藏族聚居区大干线将很难带动农牧民分享大市场经济的红利。因此,藏族聚居区在脱贫攻坚向乡村振兴战略过渡的五年衔接期内,以政府为主的外源对藏族聚居区发展的嵌入重点之一,应在于把水、电、路、通信等基础设施的"通村"概念由通"行政村"转移到通"自然村"上,这既是提高藏族聚居区市场交互的需要,也是兼顾农牧家庭收入稳定的需要,毕竟,如笔者在前文所述,藏族聚居区不少贫困户脱贫的重要路径在于通过劳务输出工程队获取工资性收入,"通村"工程的建设无疑能够很好地缓解脱贫攻坚战略收官引起的就业冲击。当然,需要注意的是,藏族聚居区"最后一公里"基础设施建设的推进,需要综合考虑民生需求、建设成本、生态承载力,不可机械化地贸然推进。对于生态环境承载力弱、人口规模少的自然村落,"通村"基础设施建设不仅可能损害生态环境,还面临成本过高、投入与产出严重失调问题,决策中需要全面比较、评估异地搬迁、"通村"工程等不同方案的成本—收益。

第二,提升藏族聚居区对外通道建设,增强域外"通达率"。如果说贸易是经济的"发动机",那对外通道则是连接藏族聚居区域内与域外市场的关键枢纽,其通达程度不仅决定了雪域高原的资源优势、绿色生态产品能否转化为当地的经济优势,也影响着藏族聚居区传统文化、内生秩序的再造。从西藏对外通道建设看,虽然青藏铁路、阿里昆莎机场、日喀则和平机场、林芝米林机场、昌都邦达机场、拉萨贡嘎机场和G109、G317、G318、G214、G219五条国道打开了出入西藏的大门,但是,受气候条件制约,藏族聚居区航空管制频繁,而铁路作为衔接自治区内、外的主要陆上通道,目前尚未形成完整的路网结构,公路则因高原地质灾害常常无法保持通畅，因此，仅从大宗货物运输看，运输成本、运输时长等都还达不到藏族聚居区发展所需，特别是较为稳定、成本较低的铁路运输，覆盖范围十分有限，到目前为止，西藏与周边的四川、云南、新疆等省（自治区）还无铁路联通和高速公路联通。由此，要增强藏族聚居区与周边省份以及与南亚国家和地区互联互通，融入川渝经济圈、大香格里拉经济圈、陕甘青宁经济圈和孟中印缅经济圈，还有必要继续推进公路、铁路、航空等出省大通道建设，进一步提升对外交通网络，而鉴于铁路在大宗货物运输上具有优势，应加快青藏铁路延伸以及川藏铁路、滇藏铁路、甘藏铁路、新藏铁路等路线的建设。

第三，以"公益岗位"推进基础设施养护，提高藏族聚居区"通畅率"。水、电、路、通信等基础设施之于藏族聚居区"自律性"发展的贡献度，既源于"通达率"，也源于"通畅率"。"最后一公里"难题的解决也好，对外大通道的建设也罢，都只是初步解决了藏族聚居区"贸易可达性"所需要的"通达率"问题，后续发展则更需要保障"通畅率"。根据前文的分析可知，经过脱贫攻坚的努力，藏族聚居区基础设施建设在"通达率"上具有重大进步，但特殊气候与地貌条件给"通畅率"带来了严峻挑战，如西藏昌都公路行政村通达率为100%、通畅率为59.5%，自然村通达率为59.05%、通畅率为12.43%，寺庙通达率为98.3%、通畅率为23.94%。因此，提高路网、电网、通信网、水管等基础设施的养护在藏族聚居区具有特殊意义，它是将存量基础设施转换为经济流量的关键。建议在现行养护基础上，遵循"当地人群服务于当地发展需要"的思想，将藏族聚居区公路、管道等基础养护作为公益性岗位，按照分段管理范围，从当地低收入户中选择一定数量的人员，对其进行系统性设施养护培训后充实到公路系统等的养护队伍中，并将这一制度长效化。这既能有效缓解正式系统养护人员不足的压力，疏通藏族聚居区基础设施维护中的堵塞环节、提高养护的及时性与稳定性，还能够保障低收入家庭的收入平稳性，同时，以公益岗位方式进行的帮扶也能够避免救济式帮扶的缺陷，特别是本地人服务于本地受益的设施更能激发被帮扶人员的积极性与发展动力。

第四，以完善冷链物流基础设施建设增强藏族聚居区"贸易可达性"。藏族聚居区特色生态农畜产品作为近年来政府打造的推动当地发展的优势产品，越来越多地受到域外消费者的青睐，但当地产品优势要转化为经济优势，有赖冷链物流把产品从产地安全、新鲜地送达消费者手中，特别是藏族聚居区本土特色产品多为高原蔬菜、水果、菌类、猪牛羊肉、牛奶和奶制品等生鲜产品，更是高度依赖于冷链物流。可惜的是，由于当地冷链物流发展滞后①，路网不畅、冷冻冷藏设备不足、保鲜技术水平低，藏族聚居区绝大多数特色农牧产品只能在产地以原始产品形式②、以较低价格售出，即便输往外地贩卖，也多为常温物流运输，导致损失率高达30%左右。可以说，由冷链物流滞后引发的高额运输成本，从某种意义上解释了藏族聚居区特色农畜产品何以无法打开域外市场。由此，加快推进冷链物流基础设施建设，已是增强藏族聚居区"贸易可达性"的迫切要求。建议政府在科学测算藏族聚居区冷链物流需求量的基础上，解决好以公路网为基础的综合交通运输堵点，提升交通承载能力和物流效率，加快推进堆龙德庆区西藏高原冷链物流港项目建设进度，并从高原牧区农畜产品供应和消费市场分散不利于物流产业集聚的现实出发，尝试推出无人机物流，有针对性地在重要农畜产品物流节点如基地、批发市场、加工厂等建设一批低温处理中心、冷冻库，改善保鲜设备、冷藏设施和温控系统，依托"农副产品批发市场""农户+基地+企业""配送+连锁"等模式推进藏族聚居区冷链物流发展以带动"山货出山"、提升净土健康产业的核心竞争力。此外，也可以借助政策和资金引导，培育区域冷链物流企业，以奖补等多种方式鼓励冷链物流企业配置先进的冷藏设备。

3. 筑牢集体经济基础，增强藏族聚居区村社利益枢纽的联结力

村社集体经济作为市场与社会的有机统合，近年来因集体股权改革建立了比较紧密的个体化农民与集体利益联结机制，被赋予打造乡村振兴的产业基础、推动农村市场化、维系乡村基础秩序、运转国家与社会关系等多重使命。理论上，集体经济无论从村庄记忆传承、集体产权共有，还是从社群关系本质来看，确实更接近乡村社会语境，是比较适合打造村社共同体的经济类型和农村经济社会协调发展的模式。对此，业界多有阐释③，笔者不再赘述。问题在于，对于藏族聚居区诸多集体经济羸弱的村社而言，如何才能筑牢集体经济基础以解决公共事务治理薄弱、社区凝聚力弱化、基层社会涣散等一系列问题。换句话说，相对于工业化蓬勃发展的长

---

① 截至2020年年底，甘孜州虽建成康定、稻城、乡城等县级冷链物流集散地10个，但当地冷链物流业务不足物流业务10%。

② 西藏农畜产品加工综合转化率不足15%。

③ 具体可参考陈美球、马良灿、郑有贵、李敢、徐勇、丁波、吕方等学者的研究。

三角、珠三角地区城郊农村而言，地处偏远的藏族聚居区的乡村，集体资产实现市场化困难，完全可能属于"有资产、无收益"状况，而集体经济也无充裕资金基础，那怎样才能筑牢集体经济基础并借其将村社打造为具有生发机制的共同体？笔者认为，藏族聚居区集体经济发展需要在近年来资源下乡的背景及政策动向中探讨集体资源匮乏、共有资源市场化困难等问题，其集体经济的发展有别于他域、需要走"组织化"到"经济发展"的分层推进路径。

第一，以国家财政性扶持资金充实村社集体经济"组织"功能。与业界研究者的认同相比，农牧民对乡村集体经济"实""虚"的认知，并不完全取决于"经营性资产""分红"等概念，村社集体经济从"虚"向"实"的过程，关键在于让农牧民感觉到其"在场"。"在场"强调的是集体与个体的关联与互动，是具有情感色彩的体验，它既可以通过急农牧户所急、帮忙解决生产生活所需设施的方式体现出来，也能够通过集体经济分红的方式表达，"在场"首先是一个互动关系，这种互动不必与"增收""分红"等目标相联系。事实上，藏族聚居区村社集体经济要完成组织化目标进而缔造村社共同体，首先需要完成的并非产业发展等"经济"目标，而是塑造其在村社中真切的"在场"意义。虽然家庭联产承包责任制取代公社制后分地到户、限制集体留机动地比例等政策一度割裂了农牧户与集体经济间的联系，使得集体经济因无力组织生产、供给沟渠等村庄公共生产生活设施而走向"出场"，但近年来雄厚的国家"资源下乡"为村社集体经济的重新"在场"创造了条件。藏族聚居区村社集体经济的打造，首先应是借助"资源下乡"恢复乃至重塑其乡村公共品与公共服务供给者、组织者的身份。因此，有必要将乡村振兴战略下沉到村社的国家财政性项目建设资金（如"一事一议"奖补资金等）充实到集体经济之中，通过将财政性资金转为集体经济组织资本金，借助集体经济生产与供给村社公共品、公共服务来塑造有效的基层治理体系以强化集体经济最基础、最困扰的乡村社会再"组织"功能，也只有村社集体的"组织"功能恢复了，发展壮大集体经济的目标才能实现。

第二，变产业扶持资金为集体资本以强化集体"经济发展"功能。在乡村振兴语境下，藏族聚居区集体经济发展壮大包含了两个向度的概念：第一个向度指向治理话语，即上文提到的重塑"组织化"、增强村社"统合"的能力；第二个向度则指向经济发展话语，是以增强集体经济收入为标志的产业能力。如果说，借助资源下乡恢复集体经济公共品与公共服务生产者、供给者身份是实现了第一向度的"组织化"目标的话，那么，接下来就需要增强村社集体经济的产业能力。但是，集体经济发展产业的资本结构，在不同区域具有极大的差异性。一般来说，区位条件较佳、周边工业化基础较好的城郊村社，以集体土地租金收入或土地经营权入股等方式比较容易实现，集体共有的土地等资源可以顺利转化为发展资产，而偏远地域，土地资源价格低、转化为资本资产难度大，集体经济发展几乎不可能采取上述模式。就藏族聚居区而言，贫弱社区多属偏远村社，集体资源转化为发展资本金的难度比较大，集体经济也处于"有集体、无经济""有资产、无收入"状态，要通过农牧户出资筹集或以土地租金、经营权入股来发展集体经济，可行性是比较差的。因此，在无资金、无技术的起步初期，只能依托村社能人或党建引领合作社的方式对共有土地资源进行产业化开发来实现集体土地增值，建议成立专业合作社，并结合产业政策有效释放财政资金活力，把国家下拨的村庄产业扶持资金变为集体经济股金，通过将产业资金变为集体发展资本来解决藏族聚居区发展资金匮乏问题，而且，产业资金充实为集体股金，也能够以集体积累的方式较好地保障所有村社成员共享公共性资金带来的发展成果。当然，这需要强化集体经济的权益分配机制，根据经营绩效保障集体经济直接经营者、集体经济、集体成员的权益。经营方式上，考虑到贫弱社区人才欠缺，除了村社能人、专业技术人员、村党支部书记、村民委员会主任直接经营管理外，也可探索聘请专业的职业经理人、经验丰富的农业大户负责集体经济的经营；甚至，在村社暂且无力进行产业开发时，可借力扶持资金进行市场化投资，探索入股当地龙头企业、异地获取经营性资产、承接小型政府项目等方式，通过增强集体经济收入以为其发展产业铺垫基础。

第三，以重建乡村内生秩序增强集体"公共性"。集体经济的发展，既是村集体通过配置集体资源、资产、资金等生产要素获得经济收入的过程，更是乡村社会共同体的形成过程。集体经济的经济基础是为了重建村庄公共性并最终塑造村社共同体。而村庄"公共性"需要借助集体经济这一利益枢纽进行内生秩序整合。在具备一定的经济能力、能够为乡村运行提供物质基础后，集体经济的功能应向社会生活秩序再组织延伸。因此，要增强藏族聚居区村社公共性，养成支撑"自律性"发展的内生制度，可考虑利用集体经济收入修建广场等休闲娱乐场所以促进村落交流，营造良好的村庄公共生活氛围，并依托传统习俗节日举办大型公益活动丰富村庄社会生活、增强社区联结力。在此基础上，依托集体经济的经济奖惩措施，以正负面清单的形式规范藏族聚居区村社生活秩序，针对群发打架斗殴、赌博、铺张浪费等不良行为予以惩戒，通过村落秩序整合、重建增强集体的凝聚力、行动力。

4. 强化品牌建设，提高藏族聚居区农牧民市场能力

品牌承载着一个民族的文化底蕴和价值理念，所包含的品质、个性、文化、形象等特征能够有效区分同类产品给消费者带来的不同价值观感，品牌不仅输出产品也输出自身独特的文化，品牌建设实际上是以品质和文化为基础建立市场认可的过程。藏族聚居区大量优质的高原生态农牧产品要走向全国，把本地生态效益、产品优势、文化优势变为经济效益、发展优势，也需要通过强化品牌建设来增强市场参与和竞争能力。毕竟，样本中的藏族聚居区农牧民行动自主性能力的测评显示：虽然，藏族聚居区近年来开始加强品牌建设与地理标志商标申请，也着实打造出一些集区域性、公共性为一体的区域性品牌，如甘孜州推出的"圣洁甘孜"、阿坝州的"净土阿坝"和西藏自治区的"地球第三极"，但品牌公信力、权威塑造等都还有待提升，具体表现为其影响力与实现产品价值上的成效是比较弱的，从调研来看，上孟乡、朴头乡、玉科镇、雅拉乡、门巴乡在"品牌知名度"这一项的不达标指标占比分别为54%、23%、48%、45%、29.2%；对"行动自主性"负向影响率最高的"产品及附加值""销售稳定性"，实际上也与品牌建设具有直接联系。由此，以品牌建设作为藏族聚居区产业发展"引擎"，助推当地特色农牧产品补短提质、提高其市场销售能力和产品附加值，实为发展所需。为此，笔者建议：

第一，推进标准化和搭建服务平台以强化品质管控。品质是品牌的核心，也是产品竞争的基础。藏族聚居区近年着力打造的区域品牌市场响应度不高，一个很重要的原因在于品质管控。根据李祥妹（2020）等对"拉萨净土"健康产品的调查，尽管拉萨市国内游客对"拉萨净土"品牌的"净土"理念认可度高达97.82%，但"对产品制作过程和原材料质量持怀疑态度"的风险感知还是影响了消费者的购买行为。因此，要建立起市场对藏族聚居区品牌的信任度，还得从加强品质管控入手。这需要当地政府在做好有机食品、绿色食品、地理标志产品等的申请、认证外，还需推进标准化和信息、监管、检测等服务平台建设，包括：从产品源头严把质量

关，制定农产品生产、质量分级标准及产地准出制度，建立完善的产品质量管理体系、产品质量检验检测体系等，依托基地、龙头企业等推行农业标准化生产，确保从环境、过程到成品质量的每一环节都在标准管理中；建立农牧产品追溯体系，如当雄县推出有"身份证"牦牛肉，将电子芯片在牦牛出生时便植入体内，上面记录养殖户基本情况和牲畜健康状况、免疫情况、疫苗接种等信息，待牦牛检查合格宰杀后做成牛排、牛腩等数十种产品，同时每块牛肉都有编号、重量、牧民号、监督电话等，通过产品溯源体系，一头牦牛的价格相当于过去的三倍，可借鉴该模式在高原特色种养中把产品生产相关信息如产地、生产者、种苗基因、生产台账（饲料、农药、化肥等）等以条形码或二维码的形式存储，以"来源可追溯、去向可追踪、责任可追究"来强化品质管控。数字技术的发展使得消费者对产品安全的认知不再满足于传统的行政性监管与质量认证，过程可视化作为直观的监管体验越来越受到市场青睐，因此，对于有条件的基地、龙头企业、合作社、家庭农场等，应鼓励其依托互联网建立联结客户端的生产全过程实时全景动态可视系统，尽可能提高品牌产品透明度；建立品牌监管体系，推进品牌诚信建设和评价管理体系，可在归集整合品牌信用信息并对外公示的基础上，辅以"双随机一公开"监管机制并联合惩戒措施加大对主体失信的惩罚，同时，设立专门的投诉热线和反馈渠道，借助灵活多样的激励机制邀请市民、消费者等监督品牌运行，根据制度化的品牌评价情况推进品牌建设。

第二，建立品牌推介平台，以多样化营销提高品牌影响力。藏族聚居区品牌市场影响力不高除了品质把控外，还存在品牌推介不力、营销方式单一等问题。这突出地表现为品牌传播的消费者诉求机制没有被理顺，比如，区域品牌推介侧重于强调区域特色，而对于品牌价值内核的挖掘和宣传力度不够；营销过程又重于产品特色而对消费者的研究不足，尤其是对大城市高端客户的精准营销滞后；推介方式与营销手段多依赖涉农展会、广告投放、媒体宣传等传统渠道而少跟进新兴主流社交媒介；销售渠道多线下而少线上[①]。由此，笔者建议从品牌价值内核与营销模式入手提高藏

---

① 藏族聚居区虽有部分农牧产品通过淘宝、京东和苏宁易购等综合类电子商务平台销售，但产品良莠不齐、品质无法保证，总体上成交额不高，而其他如"藏善堂""藏贡""西藏土特产商城"等知名度较低的在线商城，基本难以进入消费者视野；而在区域品牌推广上，在笔者写作此稿时，在淘宝上搜索"地球第三极"品牌，只有一家旗舰店，且产品种类只有青稞谷物代餐和冰川水。

族聚居区品牌的知名度与影响力,具体包括:从藏族聚居区地理与人文情境入手深挖品牌价值主张与文化内涵,在产品安全的基础上,着重从环境生态友好、物种独特性保护、民族技艺传承、人物故事、民俗风情、农耕文化等多方面呈现品牌"灵魂",通过拍摄文化创意广告等方式立体地讲好品牌故事。

信息技术改变了人们接收信息的渠道,也催生了一批新兴的社交媒体,人们更习惯从手机上获取推送信息,如微信、微博、抖音、小红书等手机应用,对此,可考虑在电视广告、报纸、博览会、展销会、宣传手册、广告牌、体验店等传统营销的基础上,建立品牌官方网站,利用论坛、微博、微信、抖音、搜索引擎、快手、小红书等工具拓宽传播渠道,通过在主流社交媒体注册官方账号,借助网络直播、抽奖、话题互动、网红带货、会员活动、产品体验式赠送等多样化方式开展品牌推介与产品营销。随着生活水平的提高,消费者对产品的价值追求早已超越产品本身,满足其参与体验、情感价值、社会价值越来越重要,由此,需要创新品牌营销理念,在基地、合作社、家庭农场中开展具有参与体验特征的牛羊认养模式等活动,让用户可以通过微信公众号、服务窗口、基地官网等渠道认养牛羊、果树等,而合作社等在牛羊达到出栏标准后负责提供宰杀排酸、分割灭菌、熟食加工及真空包装、打包寄出系列服务,以创新营销手段推动品牌建设;针对线上销售日趋主流化的趋势,藏族聚居区品牌产品的营销需要从生产地线下平台向线上平台拓展,可考虑入驻淘宝、京东和苏宁易购等综合类电子商务平台,通过注册、运营区域品牌官方旗舰店,以线上线下统一、规范化运营保证品牌产品质量,同时,采集消费者行为数据、利用数据挖掘技术开展消费群体的精准营销,进而根据客户细分进行差异化产品开发,在与市场、客户、渠道、终端真正对接中丰富品牌产品种类。

第三,以精准产品定位分类推进品牌建设。区域公共品牌认同度及影响力的形成,既需要一定规模的产品体量做支撑进行品牌造势,也需要以差异化产品精准定位不同的目标客户群体,综合各方面情况量体裁衣地做好区域公共品牌的各类产品定位,是藏族聚居区当下品牌建设急需解决的问题。鉴于藏族聚居区目前产业发展中各种体量的经营主体并存,既有高度组织化、规模化的经营主体,也有大量零星的小家庭经营,而品牌发展初期需要借助规模形成推广效应,因此,可以考虑依托已有产业基地或比较成熟的合作社、龙头企业打造一批具有标志性的高端产品，以提升品牌的规模效应。例如，西藏全区九大高原特色生物产业基地已初具规模，合作社中的一小部分也脱颖而出①，可从中选择市场竞争力强、客户群庞大、经济效益好的产品作为区域品牌的核心大单品进行打造，通过聚焦大单品，以产业基地组织化、规模化、专业化的生产经营体系具有的规模优势与品质保障来扩大区域品牌知名度与认同度；在此基础上，进一步进行全产业链开发，通过精深加工等提高产品附加值与产业融合能力。而对于规模比较小的农业专业合作社和家庭农场等新兴经营主体，可以通过"龙头企业/基地+合作社+农户""龙头企业/基地+家庭农场"等模式规范标准化生产，针对该类经营主体规模小、产量低但个体化明显的特征，开发专属性特色产品，以特性和品质锁定小众目标客户群体，在不断强化其忠诚度中赢得市场。

5. 推广普惠金融与普惠保险，增强藏族聚居区农牧户抗逆力

资金融通能力不仅是规避、分散农牧户经营风险的基础，也是影响规模经济、资源配置效率的关键因素。根据第四章的分析，对样本藏族聚居区"资源独立性"影响较大的即是金融资本约束，金融资本对"自律性"发展能力的阻碍影响率在13%左右，若进一步考虑藏族聚居区灾害频发的事实，那么，增强资金融通以提高农牧户抗逆能力对于藏族聚居区"自律性"发展无疑具有特殊的意义。考虑到藏族聚居区自然灾害多发与农牧户经济基础薄弱的事实，比较适合的提高其资金融通能力的路径是，尽可能以低的成本增加被传统金融服务排斥在外的低收入群体的金融服务可获取性，相较之下，普惠金融与普惠保险无疑正合所需，笔者建议：

第一，合理推进服务网点布局以提高藏族聚居区普惠金融服务渗透性。普惠金融的推广力度取决于借贷需求的强度。根据西藏大学对拉萨农牧区的民生调查②可知，藏族聚居区的借贷需求其实是比较旺盛的，农牧

---

① 截至 2021 年 3 月底，西藏共有优质青稞基地 214.4 万亩，年产青稞近 80 万吨，21 个牦牛产业牦牛繁育基地养殖牦牛 128.1 万头，奶牛产业基地奶牛存栏 5.22 万头，藏羊产业基地藏羊存栏达 160.9 万只、出栏达 1.45 万只，藏猪产业基地养殖藏猪 7.6 万头；藏鸡产业基地养殖藏鸡 67.07 万羽，鸡肉产量 158.54 吨，鸡蛋产量 572.25 吨；蔬菜产业基地的蔬菜种植面积达 0.52 万亩，茶产业基地健康茶种植面积达 0.026 万亩；在累计登记注册的 13 312 家农牧民专业合作社中，国家级示范社有 76 家、自治区级示范社有 118 家、地市级示范社有 215 家。

② 在 768 个样本中，66% 的家庭尚有未还清的银行贷款，近一半家庭（341 户）有过民间借贷经历，有民间借贷经历家庭中近三年借款次数为 1~3 次的占比达 68.62%，25.51% 的家庭民间借贷次数大于 3 次。

户的借贷行为发生得十分频繁，特别是低收入户，日常借贷频次更高，个别家庭甚至存在以借贷维持日常开销的情况。虽然，近年来藏族聚居区通过增设助农取款服务点、金融综合服务战和打造"背包银行"业务模式等以不断强化金融服务能力[①]。但是，地域广袤、农牧户居住分散、信息建设投入不足等客观条件限制了金融服务网点布局，每万平方千米银行业金融机构营业网点数远低于其他地区，银行支付系统更是难以在县域以下地区广泛推广，80%以上的农牧户以现金方式领取政府的各类补贴，特别是牧区，至今还存在金融服务空白点[②]。由此，要提高普惠金融服务对农牧户的"惠及"能力，还需要加大农牧区金融服务设备等基础性建设投入力度，提高普惠金融服务在藏族聚居区地域的渗透性。只是要在广袤的牧区建设物理网点需要投入较高的成本且人群覆盖面较小，因此，应出台相关支持政策如设立偏远地区营业网点、农机具专项补贴来降低金融机构金融服务成本，从而鼓励金融机构下乡设立营业网点或摆放自动取款机等，在此基础上，对条件特别困难的地区继续推进"背包银行"这种上门服务方式；同时，保障信息网络建设，借助宣传、学习、培训等多样化方式，对农牧户普及基础金融知识和渗透网上银行、手机银行的使用方法以提升农牧户金融参与能力。尤其需要注意的是，从农牧民微观特征来看，调查揭示拉萨市农牧区女性很少参与普惠金融[③]，因此，在普及金融知识中政府及金融机构应有意识地针对农牧区女性开展专门宣传与培训，尽可能提供女性参与金融服务的绿色通道，在此基础上做好金融服务与网络的结合，利用超级柜台、智能便携终端、流动金融服务车等延伸服务网络为农牧区打造家门口的"移动银行"。

第二，针对藏族聚居区特色创新普惠金融产品以增强金融服务适用性。藏族聚居区农牧户的生计特色决定了银行借贷流程、制度需要更具多样性、灵活性。根据笔者走访中了解到的情况，藏族聚居区农牧民之所以

---

① 例如，农行西藏分行近年来着力构建贫困地区金融服务"物理网点+自助设备+互联网金融+三农金融服务点+流动金融服务"五位一体渠道体系，截至2020年5月末，共建成519个网点，设立三农金融服务点达5 416个，建成掌上银行村4 925个。相比过去，西藏农村金融供给的机构数量确实在增加，但新增的机构绝大部分设在市区所在地，县域以下机构数量变化不大且依然只有中国农业银行一家。

② 西藏县级以下金融服务机构主要是中国农业银行，目前中国农业银行设立的三农金融服务点有5 586个，行政村覆盖率为91.67%。

③ 徐爱燕，罗艳云.西藏普惠金融发展的微观特征研究［J］.西藏大学学报（社会科学版）2021（1）：148-155.

普遍通过民间借贷来解决资金需求，其中的原因，除传统、习惯外，还与借贷手续繁琐、金融产品设计难以吻合需求等因素有关。因此，有必要从农牧区借贷条件出发设计切合区域特点的金融产品。鉴于藏族聚居区农牧户家庭资产主要体现为土地、住房、牛羊，但土地、住房等市值较低，若按照一般的金融产品制度设计，很多时候并不符合抵押条件。因此，一来，可以在健全当前信用评定制度①的基础上，深入推进"钻金银铜"四卡纯信用贷款产品，并结合农牧户发展生产需要进一步放宽藏族聚居区银行借贷条件，推进以联名小组为依托的无抵押、无担保的纯信用贷款模式授信额度以满足不同农牧户的多层次的融资需求。二来，可以创新性推出区域性特色金融产品，如推广牧区草场承包经营权、农民住房财产权、农村集体经营性建设用地使用权、林权"四权"抵押贷款，并针对藏族聚居区产业特色，推出青稞贷、牦牛贷、藏鸡贷、虫草贷、藏药贷等特色贷款，鉴于偏远地区产业项目贷款受机构网点和人员限制难以有效落实实地调查、贷前调查、贷中审查和贷后管理等工作，建议引入中介服务评估体系推动特色产业贷款评估、管理；同时，考虑到藏族聚居区生计欠稳定、有较高的贷款需求的群体主要是易地扶贫搬迁户和原建档立卡贫困户，可以为这部分家庭推出专属化的信贷产品用于发展生产和扩大经营。

第三，加大藏族聚居区普惠保险覆盖的广度与深度。普惠保险因其保费起点低、保险程序简单、安全性高而成为藏族聚居区农牧户抵御风险的有力工具②，即便是藏族聚居区覆盖率比较高的政策性农业保险，也需要进一步推进"扩面、增品、提标"和加快巨灾保险的落地，至于其他小额保险，更需要纵深发展。总体来说，藏族聚居区普惠保险的发展需要关注下述几个方面：一是结合藏族聚居区种养业特色，对现行政策性农业保险进行"扩面、增品、提标"，"扩面"重在推进偏远农牧区政策性农业保险的覆盖面；"增品"则是因地制宜地开发新保险产品，根据县域主要的种植与养殖品类，推广青稞、马铃薯、中药材、烟叶、藏系羊、牦牛等具有

---

① 中国农业银行西藏分行已评定信用县 43 个，信用乡（镇）573 个，信用村 4 978 个，"钻金银铜"四卡累计发卡量达到 47.72 万张。但是那些从未在银行办理过信贷业务的农牧户在征信系统中没有信用记录，商业银行因此拒贷的现象也普遍存在。

② 2017—2019 年，西藏政策性涉农保险累计承保边境县区养殖保险牛、羊共 1 066.1 万头（只）；种植业保险共 177.27 万亩；家财险共承保农牧民住房 26.85 万户、大棚框架 1.6 万栋；累计为 21 个边境县提供了 3 797.77 亿元的各类涉农风险保障，三年共赔付 13 391.30 万元，累计受益 13.37 万户次。

本地特色的农业保险产品，并开发畜牧业旱灾雪灾天气指数保险、"保险+期货""保险+信贷"等创新型险种，同时，对保额相对较高的牦牛保险，可进一步根据不同群体对保费的预期和保险需求，实施区别化定价以提高参保积极性；"提标"则根据情况适时提高保障水平，推动政策性农业保险由"保成本、保自然风险"向"保收入、保市场风险"转变，增强普惠保险的"发展"功能，探索类似于"海西模式"的防贫保险。二是建立脆弱性群体专属的普惠保险体系，一个值得考虑的方向是，可将收入低于中位数收入50%或60%的人群视为脆弱性群体，针对其生计脆弱性程度高这一问题，可将部分财政性扶持资金变为保险金，具体可借鉴米林县经验，研制脱贫收入保险方案，将脱贫但收入尚不稳定的农户纳入风险保障范畴，同时，对特别困难的农牧民，可以通过财政资金补助方式为其免费提供小额人身保险、意外保险。三是结合藏族聚居区野生动物频频毁损农田的情况，探索开展野生动物肇事补偿保险，研究适合藏族聚居区野生动物肇事保险经营模式、政策扶持体系，具体可参照西藏21个边境县的野生动物肇事保险制度。四是加大农业保险财政补贴力度，考虑通过设立再保险公司或者适度增加保险公司管理费用补贴、农业巨灾风险基金补贴比重推进藏族聚居区巨灾保险制度的落实。五是针对现行农牧区规模化养殖现象日益突出的变化，适时转变政策性涉农保险，除面向个体养殖户（农牧民群众）外，还应将保险补贴政策面向尚未覆盖到的规模化养殖场以降低藏族聚居区新兴产业和合作组织发展成本①。

6. 引导新型农业经营主体发展，提升农牧户融入农业产业链能力

从前文对藏族聚居区"自律性"发展能力的考察可知，农牧民参与市场经济程度低，除了区位条件等客观因素制约外，关键在于缺乏有效的组织化和产业链融入能力。而组织化与产业链融入能力的培育，除了党建引领发展集体经济外，还需要依托专业合作社、家庭农场等新型农业经营主体的带动。根据统计，"十三五"期间，西藏农牧业产业化龙头企业、农牧民专业合作社分别达到162家、13 475家，这为当地农牧户按照市场经济体制优化资金、技术、劳动力配置，并以市场需求为导向融入农业产业链条奠定了基础。但藏族聚居区各地专业合作社发展层次参差不齐，既有

---

① 商业化涉农保险因无保费财政补贴，通常保费较高，比如，那曲每头牦牛商业保险的最低保费为每年294元，而个体养殖户农户自己承担的政策性牦牛保险保费基本为18元/头，高额商业险确实给刚刚起步的规模化养殖场带来了压力。

一批规模化、集约化、效益好的合作社，也有不少处于起步阶段的合作经济组织。从调研来看，藏族聚居区手工业类型的合作社虽然规模小但产品的市场销售问题基本能够解决，真正存在市场对接困难的主要是比较脆弱的牧区初级农牧产品经销型合作社，而牧区家户式草场管理弊端已远非原子化的牧户可以独立解决①，其生计更需依赖组织化的合作行为，因此，今后对新型农业经营主体的培育，应将重心放在对这些村社合作化产业的引导上，重点推进市场开发、行业合作为主的行为机制。

第一，在规范基础上引导合作社建立市场联系渠道。理论上，合作社作为一种培育内生发展能力的经济载体，其发展离不开市场导向，营运中应特别关注市场拓展。但由于藏族聚居区不少合作社从建立到发展都是外部资源长期渗透的过程，特别是贫弱社区，政府或帮扶机构甚至直接帮助合作社包销其产品，这直接影响了合作社经营管理体系的正常发育，以至于至今依然有部分合作社没有自己独立开辟的销售市场，也没有对接市场的渠道，这可从前文藏族聚居区"自律性"发展能力测评中的经营能力指标中得以一观。而随着脱贫攻坚向乡村振兴衔接的不断深入推进，脱离市场基础的包销制必将无法持续，因此，农牧户要借助合作社提高其融入产业链能力，当务之急是解决市场渠道的建设问题。建议政府有关部门在对藏族聚居区合作社进行全面性摸底的基础上，帮助发育孱弱的合作社以市场化手段开展经营性服务，特别是引导其建立市场联系渠道，包括：对合作社经营管理人员进行营销技能培训，督促其掌握各种电商平台、直播平台推广技能以及利用农业服务平台对接客户的技术；对合作社加大市场供给与需求等信息的推送，引导合作社参加产品展销会、推介会、农交会、团购会等，通过加大产品体验式的投放争取消费者；提供人才引进和推介渠道，引导合作社通过聘任擅长市场营销的职业经理人来解决市场对接难题；帮助合作社建立城市代销网点或者代理销售网络，通过农超对接、农社对接、农企对接等多种方式打开销售市场。

第二，培育合作经营模式以延伸合作社产业链条。产业链不仅直接影响合作社产品的经济价值，也直接影响产品市场占有率。一般来说，只有

---

① 牧区草场资源承包到户虽然激发了牧民生产积极性，但这种单靠权利—义务建立的规则系统，却在一定程度上因有悖于草地生态系统而显得有些空洞：草场分配到户后，牧户为避免别家饲养的牛羊到自家牧场啃食牧草，往往用铁丝对自家草场进行围栏，牛羊踩踏、啃食范围因围栏限制大大缩小，这既导致局部草地被过度啃食，也导致未啃食区杂草丛生、牧草质量下降。

当农业产业形成链接工业与农业的融合式发展时，农牧民才能在更大程度上分享产业发展的利益，而产业链条越长、深加工程度越高，产品的附加价值也越高。调查显示，藏族聚居区无收益或低收益的合作社，通常以销售未加工或简单加工的初级农牧产品为主，因此产品单一、附加值低。而进一步分析农产品精深加工不足的原因，主要在于农牧区缺乏向下延伸的精深加工企业，针对这种情况，今后有必要推进合作经营模式来延长农业产业链、丰富产品结构，具体包括：由政府统一规划，在藏族聚居区县（市、区）新建一批区域性农牧产品加工园区，通过"园区+合作社"的合作模式增强合作社初级产品加工转化能力，在打通生产、加工环节中拓深延展农业产业链，从而尽可能在产品升级中契合市场消费需求；或者引导龙头企业和农牧业合作社共同出资建立加工企业，通过"龙头企业+合作社"的模式整合现有资源，借助龙头企业资金、技术、管理等优势联结农业与非农业环节，以加大初级农牧产品的综合利用程度来提升合作社在农业产业链中的收益分配。当然，这需要政府提供必要的政府扶持，如对加工企业购买加工设备等予以财政补贴、税收优惠等；且对于合作经营模式，需要以市场为导向构建合理的利益分配机制，确保合作社、农牧户在合作中分享收益。

7. 探索融合地方传统的创新型治理机制，提升村社发展合力

"自律性"发展的要素联动机制为我们勾勒出内生秩序在藏族聚居区发展逻辑中的独特意义。作为一种根植于村庄所处的政治、经济、文化背景并在试错互动中自发形成的社会规则，内生秩序既是塑造村庄共同体的内在制度装置，也是外部制度嵌入的润滑剂，它能够通过村社内部的沟通对话机制有效整合降低政策运行成本、提高制度执行的可行性[①]，是藏族聚居区实现"自律性"发展的制度保障和运转机制。事实上，也只有符合内部规则的行为模式，才能将内外资源整合为发展合力、真正促成"自律性"的实现。由此，纾解藏族聚居区贫弱村社发展的种种困境，需要以社区历史脉络和具有共同知识背景的"社会关系"为基础，构建融合"地方性知识"的基层治理机制来加以推动。今后，应对藏族聚居区地方传统的价值进行挖掘并制度化，建议：

第一，重塑传统精英、培育藏族聚居区"乡土"社会组织。村社事务

---

① 许源源，左代华. 乡村治理中的内生秩序：演进逻辑、运行机制与制度嵌入 [J]. 农业经济问题，2019（8）：9-17.

的繁琐性、复杂性和持续发生，决定了单纯强调权利义务要求的国家正式制度在应对千头万绪的社区"小事"上面临着高昂的成本。对于藏族聚居区而言，地理环境、宗教文化等鲜明的本地化属性，又进一步放大了正式制度的运行成本。本地化属性也因此成为藏族聚居区"自律性"发展的逻辑起点，依托地域性的知识和规范来实现村庄场域的治理在推进藏族聚居区乡村振兴中更是紧迫。只是，由道德、归因机制、价值取向等一系列抽象符号为基础的内生秩序，要转变为制度化的协调性规范，最大程度地发挥整合机制的作用，还需要以"乡土"社会组织为载体营造群体示范并向成员输入行动逻辑。鉴于藏族聚居区传统的地方性知识和治理实施路径，如藏传佛教教义、措哇法规、千百户制度、土司制度、氏族和长老会等直接或间接影响着经济、社会生活各个方面，要推进藏族聚居区"自律性"发展路径，有必要将传统社区网络、寺院网络、部落网络、精英网络等编织在地方社会治理平台中。为此，需要加快对藏族聚居区传统精英群体如土司、活佛、头人等的重塑，通过规范、教育、引导，把他们培育为填补国家正式制度空白的地方性自治组织成员，发挥其维持生产秩序、调节民间纠纷、保护生态环境、赈济灾荒、规范社群行为、传承民族文化等作用。同时，针对藏族聚居区大量因各种原因没有办理相关登记手续但事实上参与公共管理或社区自治的各种类型的传统"乡土"社会组织，如寺庙慈善养老院与学校（如吉美坚赞职业技术学校、甘孜藏族自治州道孚县慧远寺希望小学、德格县格萨希望小学、巴塘县扎呷寺希望小学等）、民间精英创办的传统文化传习所（如黄南热贡文化宫）、村民自发的互助组织（如那曲嘉黎县"如哇"、芒康县加达村"五人组"、舟曲县"比瓜把"、阿坝州"鲁达"与"洛萨"组织）等，也要在甄别的基础上根据藏族聚居区治理体系现代化的新要求，寻找这些自发组织与现代化治理的契合点，引导其融入新时代社会治理体系之中，对于其中发展相对比较成熟的良性组织，可赋予合法化身份，通过纳入统一社团管理体系来完成组织的转型发展，将其打造为高度契合藏族聚居区现代化治理需求的"乡土"社会组织。

第二，建立融合地方传统的创新型资源管理方式。资源是发展的基础，资源管理方式不当不仅意味着生态成本的增加，也意味着生产效率的下降。从某种意义上说，藏族聚居区发展的关键在于资源管理制度安排如何创新才能实现以尽可能低的成本取得预期收益。从调研情况看，社区发展羸弱的原因，很大程度上与资源管理制度改革、创新不足有关。以草场管理为例，随着家庭联产承包责任制和产权概念的强化，牧区草场由共用走向权属越来越清晰的承包到户模式，但这种以一家一户为基础的围栏式草场管理制度随着时间推移，在解决草场退化、过牧等问题上已渐显无力。理论上，比较理想的满足生态目标的模式是以社区组织为基础的集体使用和管理加以取代，但集体共有共用又有悖于牧民的经济要求。那么，作为农牧民利益的直接承载基础，草场到底该怎样管理才能协调村社集体行动，在生态与牧户经济间取得平衡？"社区系统总是最有效的"，答案蕴藏于藏族聚居区的地方性知识体系之中，我们可以依托地方传统建立适合牧区社会生态变化的新型资源管理方式。比如，参照青海牧区做法，建立融合地方传统的资源管理方式，即由村组织包括村委会领导和有经验的牧民在内的人员，每年根据牧草生产情况等确定全村草场面积可承载牲畜总数，然后按照人口数量来配置每个牧民的放牧配额，并允许牧民之间进行放牧配额交易，对于配额有余的牧户，其他人可以按照核定经济补偿来委托其代养牲畜或贷畜，对于违规牧民，除要求以低价卖给没有超载的牧户外，还要处以相应罚款，甚至驱逐出社区文化圈①；再如，打破承包到户的草场经营方式，在成立合作社的基础上，合作社对农牧民拥有的草场和牛羊等进行资产价值评定后，在以草定畜的原则下科学核定合作社饲养牛羊数量，牧民根据自身意愿把承包到户的草场和牲畜以股份形式投入合作社，合作社拆除围栏后统一管理草场，通过划分母畜、种畜、幼畜草场做到按草配畜，同时，以"春季休牧，夏季游牧，秋季轮牧，冬季自由放牧"的天然草地放牧新模式推动草场的科学使用，至于超出草场承载力的未纳入合作社的牛羊，根据约定或由农牧户自行宰杀、贩卖或由合作社统一收购、另外租赁牧场饲养。在这个过程中，地方传统的草场养护、放牧技术与熟人社区对"搭便车"行为低成本的监督与执行，为社区资源整合探索出了新的道路。

---

① 青海牧区创新型的草场管理具体参照贡布泽仁的《市场化进程中青藏高原草场使用和管理的制度变迁》一书，其中，贷畜的具体实施方法是：总牲畜数量超标的牧户，可以把幼畜以协商好的价格贷给没有超标的贫困牧户，贫困户一年后把贷入的牲畜卖给市场，以当初协商好的畜牧总价不计利息地归还给牲畜贷出的牧户。

第三，推进寺庙社区治理机制创新。寺庙作为藏族聚居区的一种特殊社区形态，对当地经济、司法、教育等具有直接影响，引导其发挥积极作用、抑制消极影响也一直是藏族聚居区发展中要需不断强化的问题。要想从根本上解决寺庙与学校教育、与农牧民生产生活等之间的冲突，既需要在教义思想和宗教仪轨上兴利除弊，也需要对寺庙治理机制进行创新。首先，当下需要加快推进藏传佛教教义的中国化①阐释，构建中国特色的藏传佛教思想体系，可在规范藏传佛教人才培育的基础上，深入挖掘教义教规中有利于社会和谐、时代进步、健康文明的内容，改革不适应社会主义的宗教制度和教条，引导活佛等对教规教义做出符合当代中国发展进步要求、符合中华优秀传统文化的阐释②。其次，以寺庙社区治理机制创新来推进社区发展，以"干部驻寺常态化、教育引导经常化、僧尼管理人性化、寺庙服务社会化、事务管理法治化"为核心，在目前定编定员、持证管理、领导联系、依法治寺等基础上，在公共服务机制、社会保障机制、经费保障机制、目标考核机制、社会管理机制上实施分类治理。其中，河谷农区寺庙因其交通便利、人口聚集量大，近年来又受益于旅游业发展，寺庙通过开发文旅、兴办经济实体等形成了具有藏族聚居区特色的寺院经济模式，部分地方的寺庙经济甚至对群众生产生活的重要行业起到主导作用，对此，寺管会、民宗委、国土资源局、地方税务局等职能部门应依法强化寺院经济产业管理，尽可能减少寺庙对农牧民日常生产生活的经济渗透，特别对于关系到当地群众生产生活的重要行业，需要实施行业准入制度、强化寺院财务公开和监督、引导多方主体共同参与经营、合理配置寺庙社区公共资源，避免寺院经济垄断造成的不利影响③；而高半山寺庙和牧区寺庙，基本上规模较小、也难以做到"以寺养寺"，老年僧尼贫困问题比较突出，对此，应重点推进寺庙基础设施建设，在协调解决寺庙水、电、路及其危房修缮等现实问题的基础上实现社会保障体系对宗教教职人员的全覆盖，尽可能以公共服务触角的延伸来提高寺庙治理成效，如拉萨

---

① 中国化指宗教要适应当代中国、社会主义中国的发展要求，特别是新时代中国社会的发展需要，坚持适应当代中国、现代化中国社会需要的发展方向，走与社会主义社会相适应的道路，为当代中国的发展和进步贡献积极力量。

② 习近平出席全国宗教工作会议并发表重要讲话 [N]. 人民日报，2016-04-23.

③ 刘航颖. 规范藏传佛教寺院经济活动是依法治藏的关键切入点 [J]. 四川警察学院学报，2016（6）：15-20.

"六个一""9 + 5"工程建设①为促进寺庙社区与社会和谐稳定了创造条件，当然，财政资金投放也需要配合实施奖惩机制，可通过以奖代补等方式对爱国守法、和谐模范寺庙社区优先投放。最后，针对寺庙社区的特殊性，有必要在依法规范治理的基础上保持一定的灵活度，在寺庙社区治理、公共服务供给中引入弹性机制。以控辍保学为例，有必要对不同类型寺庙僧童入学问题区别对待，如对于远离学校教学点、未成年僧人达到一定规模的偏远寺庙，可考虑由国家在寺庙配备承担国民教育的师资，允许僧童在本寺接受教育，或者通过夯实网络设施建设，以网上课堂替代学校教学；对于残障僧童，可适当放开，允许其在寺院教育与义务教育之间自由选择；对于城镇附近寺院僧童，可考虑在学校成立单独的班级，使其不受困于客观条件限制而接受义务教育。

---

① "六个一"工程建设指在各个寺庙深入开展"交一个朋友、开展一次家访、办一件实事、建一套档案、畅通一条渠道、形成一套机制"活动。所谓"9 + 5"工程建设：一是在各个寺庙全面落实"九有"工程建设，即让各个寺庙"有领袖像、有国旗、有道路、有水、有电、有广播电视、有电影、有书屋、有报纸"；二是在部分寺庙落实"加五"工程建设，即在20人以上的寺庙增加"五项工程"，即修建一个食堂、一个澡堂、一个垃圾池、一栋温室以及培养、培训一名卫生员。

参考文献

［1］鹤见和子. 内发型发展论：以日本为例［G］//北京大学社会学人类学研究所. 东亚社会研究. 北京：北京大学出版社，1993.

［2］宫本宪一. 环境经济学［M］. 朴玉，译. 北京：三联书店，2004.

［3］陆学艺. 内发的村庄［M］. 北京：社会科学文献出版社，2001.

［4］何嘉. 农村集体经济组织法律重构［M］. 北京：中国法制出版社，2016.

［5］郭佩霞，朱明熙. 西南民族地区脆弱性贫困研究［M］. 成都：西南财经大学出版社，2017.

［6］杨丹，杨铮，图登克珠. 拉萨市农牧区民生发展调查报告［M］. 北京：人民出版社，2018.

［7］杨丽雪，等. 青藏高原东缘牧区生态保护与经济发展耦合研究［M］. 成都：科学出版社，2018.

［8］朱明熙，郭佩霞. 西南民族地区农村脆弱性贫困与反贫困研究［M］. 北京：中国财政经济出版社，2018.

［9］方堃. 民族地区精准扶贫难点问题研究［M］. 北京：科学出版社，2018.

［10］冯楚建. 西藏地区科技精准扶贫模式研究［M］. 北京：中国农业科学技术出版社，2018.

［11］施红. 精准扶贫与中国特色发展经济学研究［M］. 北京：经济日报出版社，2018.

［12］贡布泽仁. 市场化进程中青藏高原草场使用和管理的制度变迁［M］. 成都：西南财经大学出版社，2019.

[13] 王世金. 青藏高原多灾种自然灾害综合风险评估与管控 [M].
北京：科学出版社，2021.

[14] 张小红. 青海藏族聚居区农牧民专业合作社成长性评价与对策
研究 [M]. 北京：中国经济出版社，2021.

[15] 鹤见和子."内发型发展"的理论与实践 [J]. 胡天民，译. 江
苏社联通讯，1989 (3)：9-15.

[16] 张环宙，黄超超，周永广. 内生式发展模式研究综述 [J]. 浙江
大学学报 (人文社科版)，2007 (2)：61-68.

[17] 张佳丽，贺新元. 西藏自我发展能力刍议 [J] 西藏研究，2010
(4)：69-73

[18] 郑长德. 中国民族地区自我发展能力构建研究 [J]. 民族研究，
2011 (4)：15-24.

[19] 李雪萍，龙明阿真. 可持续生计：连片特困地区村庄生计资本
与减贫 [J]. 党政研究，2012 (3)：122-128.

[20] 郭佩霞. 政府采购 NGO 扶贫服务的障碍及解决 [J]. 贵州社会
科学，贵州社会科学，2012 (8)：94-98.

[21] 李豫新，张争妍. 西部民族地区自我发展能力测评及影响因素
分析 [J]. 广西民族研究，2013 (3)：161-169.

[22] 王永莉. 西部民族地区自我发展能力的培育 [J]. 西南民族大学
学报，2013 (10)：138-142.

[23] 邢成举，李小云. 精英俘获与财政扶贫项目目标偏离的研究
[J]. 中国行政管理，2013 (9)：109-113.

[24] 李海红，张剑. 西藏自我发展能力评价体系构建分析 [J]. 黑龙
江民族丛刊，2013 (6)：16-22.

[25] 杜明义. 人力资本投资与民族地区反贫困途径选择 [J]. 吉林工
商学院学报，2013 (3)：13-17.

[26] 郝文渊，李文博，周鹏. 生态补偿与藏东南农牧民可持续生计
研究 [J]. 湖北农业科学，2013 (16)：4016-4022.

[27] 郭佩霞. 中国贫困治理历程、特征与路径创新 [J]. 贵州社会科
学，2014 (3)：108-113.

[28] 郝文渊，杨东升，张杰，等. 农牧民可持续生计资本与生计策略关系研究：以西藏林芝为例 [J]. 干旱区资源与环境，2014 (10)：37-41.

[29] 杨玉珍."幸福村落"建设中乡村公共性再生产的内在逻辑 [J]. 华中农业大学学报（社会科学版），2014 (1)：23-29.

[30] 王春光. 扶贫开发与村庄团结关系之研究 [J]. 浙江社会科学，2014 (3)：69-78, 157.

[31] 邓维杰. 精准扶贫的难点、对策与路径选择 [J]. 农村经济，2014 (6)：79-81.

[32] 李小云，唐丽霞，许汉泽. 论我国的扶贫治理：基于扶贫资源瞄准和传递的分析 [J]. 吉林大学社会科学学报，2015 (4)：90-98, 250-251.

[33] 唐丽霞，罗江月，李小云. 精准扶贫机制实施的政策和实践困境 [J]. 贵州社会科学，2015 (5)：151-156.

[34] 汪三贵，郭子豪. 论中国的精准扶贫 [J]. 贵州社会科学，2015 (5)：147-150.

[35] 李继刚. 西藏农牧民脆弱性贫困与减贫政策 [J]. 青海师范大学学报，2015 (11)：18-22.

[36] 庄天慧，陈光燕，蓝红星. 精准扶贫主体行为逻辑与作用机制研究 [J]. 广西民族研究，2015 (6)：138-146.

[37] 吕翠苹，秦君玲. 西藏自我发展能力实证分析 [J]. 西藏大学学报（社会科学版），2015 (4)：32-37.

[38] 黄承伟，覃志敏. 论精准扶贫与国家扶贫治理体系建构 [J]. 中国延安干部学院学报，2015 (1)：131-136.

[39] 吴雄周，丁建军. 精准扶贫：单维瞄准向多维瞄准的嬗变：兼析湘西州十八洞村扶贫调查 [J]. 湖南社会科学，2015 (6)：162-166.

[40] 葛志军，邢成举. 精准扶贫：内涵、实践困境及其原因阐释 [J]. 贵州社会科学，2015 (5)：157-163.

[41] 刘洋，李海红. 提升西藏自我发展能力制约性因素及解决对策 [J]. 学术交流，2015 (2)：106-110.

[42] 张剑，江珊，班久次仁. 提升西藏自我发展能力的产业结构调整对策 [J]. 西藏发展论坛，2015 (2)：33-35.

[43] 吴重庆. 内发型发展与开发扶贫问题 [J]. 天府新论, 2016 (6): 1-6.

[44] 邱建生, 方伟. 乡村主体性视角下的精准扶贫问题研究 [J]. 天府新论, 2016 (4): 13-19.

[45] 王敏, 方铸, 江淑斌. 精准扶贫视域下财政专项扶贫资金管理机制评估: 基于云贵高原4个贫困县的调研分析 [J]. 贵州社会科学, 2016 (10): 12-17.

[46] 刘航颖. 规范藏传佛教寺院经济活动是依法治藏的关键切入点 [J]. 四川警察学院学报, 2016 (6): 15-20.

[47] 罗莉, 谢丽霜. 精准扶贫背景下藏族聚居区特色优势产业发展研究 [J]. 青海社会科学, 2016 (5): 9-14.

[48] 沈茂英, 许金华. 林下经济内涵特征与扶贫实践探究: 以川滇连片特困藏族聚居区为例 [J]. 四川林勘设计, 2016 (3): 1-7.

[49] 庄天慧, 杨帆, 曾维忠. 精准扶贫内涵及其与精准脱贫的辩证关系探析 [J]. 内蒙古社会科学 (汉文版), 2016 (3): 6-12.

[50] 李博. 项目制扶贫的运行逻辑与地方性实践: 以精准扶贫视角看A县竞争性扶贫项目 [J]. 北京社会科学, 2016 (3): 106-112.

[51] 杨浩, 汪三贵, 池文强. 少数民族地区精准脱贫进程评价及对策研究 [J]. 贵州民族研究, 2016 (7): 148-152.

[52] 莫光辉. 精准扶贫: 中国扶贫开发模式的内生变革与治理突破 [J]. 中国特色社会主义研究, 2016 (2): 73-77.

[53] 李中锋, 吴昊. 西藏农牧民自我发展能力评估及提升路径研究 [J]. 四川大学学报 (哲学社会科学版), 2016 (3): 99-106.

[54] 陈灿平. 集中连片特困地区精准扶贫机制研究: 以四川少数民族特困地区为例 [J]. 西南民族大学学报, 2016 (4): 129-133.

[55] 何植民, 陈齐铭. 精准扶贫的"碎片化"及其整合: 整体性治理的视角 [J]. 中国行政管理, 2017 (10): 87-91.

[56] 孙迎联, 吕永刚. 精准扶贫: 共享发展理念下的研究与展望 [J]. 现代经济探讨, 2017 (1): 60-63, 87.

[57] 刘解龙, 陈湘海. 适时打造精准扶贫的升级版 [J]. 湖南社会科

学，2017（1）：117-124.

[58] 于水，姜凯帆. 内生整合与外部嵌入：社会发展模式比较分析 [J]. 华中农业大学学报，2017（6）：87-93.

[59] 王长文. 贫困遗存的可能状态及治理方式 [J]. 中国藏学，2017 （2）：5-9.

[60] 格朵卓玛. 从生计资本角度分析西藏牧区贫困成因 [J]. 中国藏 学，2017（2）：18-22.

[61] 张永丽. "教育致贫" 悖论解析及相关政策建议：以甘肃省14 个贫困村为例 [J]. 西北师大学报（社会科学版），2017（2）：20-29.

[62] 黄英君. 金融深化、扶贫效应与农村合作金融发展 [J]. 华南农 业大学学报，2017（6）：32-41.

[63] 图登克珠. 西藏旅游扶贫与农牧民增收问题研究 [J]. 西藏大学 学报，2017（1）：134-138.

[64] 徐孝勇，封莎. 中国14个集中连片特困地区自我发展能力测算 及时空演变分析 [J]. 经济地理，2017（11）：151-160.

[65] 刘翠英，初晓艺，杨庆伟. 区域经济与精准扶贫 [J]. 经济研究 参考，2018（10）：4-7.

[66] 杨扬. 基于麦肯锡77S 模型的精准扶贫资金绩效审计研究 [J]. 财会研究，2018（1）：63-66.

[67] 白雪. 基于精准扶贫的人力资源开发困境及成因分析 [J]. 知识 经济，2018（9）：5-6.

[68] 陈灿平. 西部地区新生代农民工贫困脆弱性的评价：基于生计 资本考察 [J]. 西南民族大学学报，2018（5）：127-132.

[69] 吴重庆，张慧鹏. 以农民组织化重建乡村主体性：新时代乡村振 兴的基础 [J]. 中国农业大学学报（社会科学版），2018，35（3）：74-81.

[70] 尕藏扎西. 藏传佛教寺院 "控辍保学" 实施情况调研 [J]. 攀 登，2018（6）：68-74.

[71] 王秀艳. 区域自我发展能力理论分析框架下民族地区自我发展能 力评价 [J]. 中央民族大学学报（哲学社会科学版），2019（3）：84-92.

[72] 左停，李卓，赵梦媛. 少数民族地区贫困人口减贫与发展的内

生动力研究［J］.贵州财经大学学报，2019（6）：85-91.

［73］许源源，左代华.乡村治理中的内生秩序：演进逻辑、运行机制与制度嵌入［J］.农业经济问题，2019（8）：9-17.

［74］贺雪峰.乡村振兴与农村集体经济［J］.武汉大学学报（哲学社会科学版），2019，72（4）：185-192.

［75］禄树晖.西藏东部乡村振兴的推进路径与模式选择研究［J］.西藏大学学报（社会科学版），2019（3）：140-145.

［76］易新涛.基层党组织"三化"问题及应对之策［J］.理论探索，2019（4）：58-63.

［77］左停，李世雄.2020年后中国农村贫困的类型、表现与应对路径［J］.南京农业大学学报（社会科学版），2020（4）：58-67.

［78］张雁军.相对贫困视域下西藏牧区贫困治理的内生动力机制研究［J］.西藏研究，2020（6）：60-70.

［79］杜明义.可行能力视角下的深度贫困区特色产业脱贫对策［J］.中国发展，2020（5）：54-60.

［80］王蔷.乡村振兴视野下农村基层党建问题研究［J］.中共云南省委党校学报，2020（6）：115-121.

［81］马良灿.新型乡村社区组织体系建设何以可能［J］.福建师范大学学报（哲学社会科学版），2021（3）：67-75.

［82］卫志民，吴茜.脱贫攻坚与乡村振兴的战略耦合：角色、逻辑与路径［J］.求索，2021（4）：164-171.

［83］章志敏，张文明.农村内生发展研究的理论转向、命题与挑战［J］.江汉学术，2021（2）：5-15.

［84］郭永刚，于浩然，梁大鹏，等.西藏地区农田土壤培肥现状、问题与展望［J］.西南民族大学学报（自然科学版），2021（4）：348-355.

［85］翟绍果，张星.从脆弱性治理到韧性治理：中国贫困治理的议题转换、范式转变与政策转型［J］.山东社会科学，2021（1）：74-81.

［86］徐爱燕，罗艳云.西藏普惠金融发展的微观特征研究［J］.西藏大学学报（社会科学版）201（1）：148-155.

［87］孙璐.扶贫项目绩效评估研究［D］.北京：中国农业大学，2015.

［88］黄蕾. 集中连片特困地区自我发展能力评价与提升研究［D］.
太原：山西财经大学，2018.

［89］严子明. 四川深度贫困地区自我发展能力测度与提升研究［D］.
成都：四川农业大学，2019.